大学の教育・研究と
地域貢献シリーズ
❶

新地場産業に挑む

生活と経済の新結合

高崎経済大学経済学部
【監修】

岸田孝弥
武井　昭
【編】

日本経済評論社

刊行にあたって——平成一七年度現代的教育ニーズ取組支援プログラム報告書——

はじめに

本プログラムを計画するに至った理由は、大別すると、三つになる。第一の理由は、本学経済学部および附属産業研究所が、今日の社会経済に対して貢献できることに真剣に取り組んできたこととの集大成を、世に送り出す学生教育のなかで具体的に提示・実践すべき時機が来たと考えたからである。創業・起業やベンチャービジネス、都市再生に向けての特区構想などの政策が成功するためには、これらの根底にある「新地場産業」の構築が不可欠である。産官学の連携という時には、ハード面のみに偏向し、ソフト面での連携のミスマッチも大きいことから、具体的な成果は見られないことに注目する必要がある。このような背景のもと、高崎経済大学附属産業研究所で「新時代の地場産業と産業環境」プロジェクト研究チームを発足させた。第二の理由は、本学では、二〇年以上前から産業界、官界、学会等で構造改革につながるようなタイムリーなテーマに直接取り組んでいる方々を講師に招き、開講してきた「特別講義」の実績を高く評価し、いまこそ、この教育方法を広く教育の場で展開する時であると認識したからである。第三の理由は、「ぐんま公立三大学」の連携活動を契機にして「大学と地域の交流館」を拠点にした活動を実践してきたからである。また平成一七年度に建設を始めた「高崎市産業創造館」の有効利用が可能になったことである。これらの場には経済学・経営学を学ぶ学生・院生が次の時代に活躍する能力開発の一つの実験的空間としての役割が期待できる。

1 「新地場産業の創出と参加型学生教育」プログラムの立ちあげ

(1) 企業と学生を結ぶ教育（「学部」の産学連携教育・研究の充実）

本学では、一〇年以上前から産業界、官界、学会等で構造改革に直接取り組んでいる方々を講師に招き、本学の全学生および市民に開かれた「特別講義（リレー講義）」を開講し、毎年数百人が受講する実績を上げてきた。平成一三年度からセメスター制度への移行に伴い、経済学科と経営学科が前期・後期のいずれかを分担して、独自の特別講義を開講している。経営学科では、平成一五年度後期に附属産業研究所で二年間行った「創業支援・実践セミナー」を発展させた形の「創造の科学」と題するリレー講座を開講し、学生に創業・起業の考え方の教育を受ける機会を提供した。その他、ベンチャービジネス論、地域産業論、中小企業論、都市経済学、環境政策・環境経済学、フィールドワーク等、経済・経営が抱えている今日的問題を正しく認識することができるカリキュラムを設置してきた。また、それぞれのゼミにおいても学生が産学連携を志向し、現場調査、工場見学や委託事業などの形をとった教育の場面に遭遇することも珍しくなくなった。さらに平成一五年度には、ベンチャービジネス論ゼミでゼミ生が中心となって「起業家育成セミナー」をスタートさせたが、毎回四〇～九〇人の学生や社会人が参加しており、今年度も継続して実施されている。また、産業・組織心理学ゼミでは平成二年から参加型人間工学の手法を用いて企業現場実習を行い、グループワークによるＫＡＩＺＥＮを実施し、その効果を確認してきた。マーケティングゼミでは、マーケティングの産学官連携教育として受講者を六～七名程度でグループ編成し、グループ内でリーダーとサブリーダーを決め、企業と連携して新製品の開発や特定の地域の活性化策を検討した。その際各グループには、前年度に受講した先輩（四年生もしくは大学院生）がメンターとして一名ずつ参加する方式を採用した。また、企業側からもアドバイザーとして従業員が参加し、ミーティングを開催してきた。

これらの実績をもとに地場企業の協力を得て、参加型人間工学の手法であるグループワークを用いた大学と地場企業の連携講座を開講し、参加型学生教育を行うことを企画した。

(2) 「附属産業研究所」での実践――研究プロジェクトの実施

昭和五四年頃からはプロジェクト研究チームを編成して、地域産業・地域経済の研究に本格的に取り組んできた。特に、昭和六二年の研究成果が日本経済評論社から出版されるようになってからは、成果物が書店を通じて全国に流通し、高い評価を得るようになった。平成一六年一一月に始めた「新地場産業と産業環境」プロジェクト研究チーム「ぐんま公立三大学」（本学・前橋工科大学・群馬県立女子大学）や群馬産業技術センターなどの外部機関と連携して運営している。この研究チームでは学生・院生の参加が可能な公開研究会という形式で「現場力セミナー」を隔月で実施している。このノウハウをもとに、新地場産業創出セミナーを企画した。

(3)「大学と地域の交流館」での実践

この交流館は、国土交通省高崎事務所の協力を得て、高崎経済大学が中心となり「ぐんま公立三大学」の教育研究の連携事業の核として、高崎市の中心市街地に設置されたものである。そこに高崎経済大学は附属産業研究所の「共同・受託研究等相談窓口」を常設し、院生が常駐して、地域中小企業との接点となる場所とした。学生・大学院生の産業場面における教育という面と、産学連携のさらなる推進という点から交流館の積極的な活用をはかった。その一つの現れが新地場産業創出セミナーの実施である。

(4)「高崎市産業創造館」との連携

高崎市は、平成一七年度に「高崎市産業創造館」の設置を決定し、センターに入居するインキュベータに対し、ハードのサービスだけではなく新地場産業の創出にかかわるソフトのサービスを提供することを目指していた。大学としてこれに協力すべく「高崎市産業創造館」内にオフィスを借り、本プログラムの一環として学生・院生の参加型教育プログラムの実施を計画した。

(5) 「その他の外部機関」との連携

大学はこれまでは、個々の教員の個人的な関係で外部機関と連携しているにすぎなかったが、経済学部および附属産業研究所での公開講座・シンポジウム、プロジェクト研究、「特殊講義」などが継続的に実施され、大学と外部機関との連携も定着した。なかでも附属産業研究所が培ってきた高崎商工会議所、群馬県中小企業団体中央会、群馬産業技術センター、群馬経済研究所、地域経済研究所、群馬中央総合研究所などとの関係は、本プログラムの実施において外部機関との連携の良きパートナーとして協働関係が効果的に働いた。

このような背景をもとにして本プログラムがスタートした。本プログラムは、五つの教育の場、五場を活用した「新地場産業の創出と参加型学生教育」を目指している。五つの場とは、経済学部の産学連携教育、附属産業研究所での教育、大学と地域の交流館での実践教育、高崎産業創造館との連携実践教育、高崎商工会議所等の外部機関との連携実践教育の場である。五場とは「学生・企業の相互交流の場（互場）」、「参加者が徹底的に語り合う場（語場）」、「参加者が未来に大きく前進（GO）する場（BA）（GOBA）」をも意味する。大学と地域の交流館では、「新地場産業創出セミナー」を実施し、学生に企業の現場力を認識してもらい、これ

図1　取組みテーマ：「新地場産業の創出と参加型学生教育」

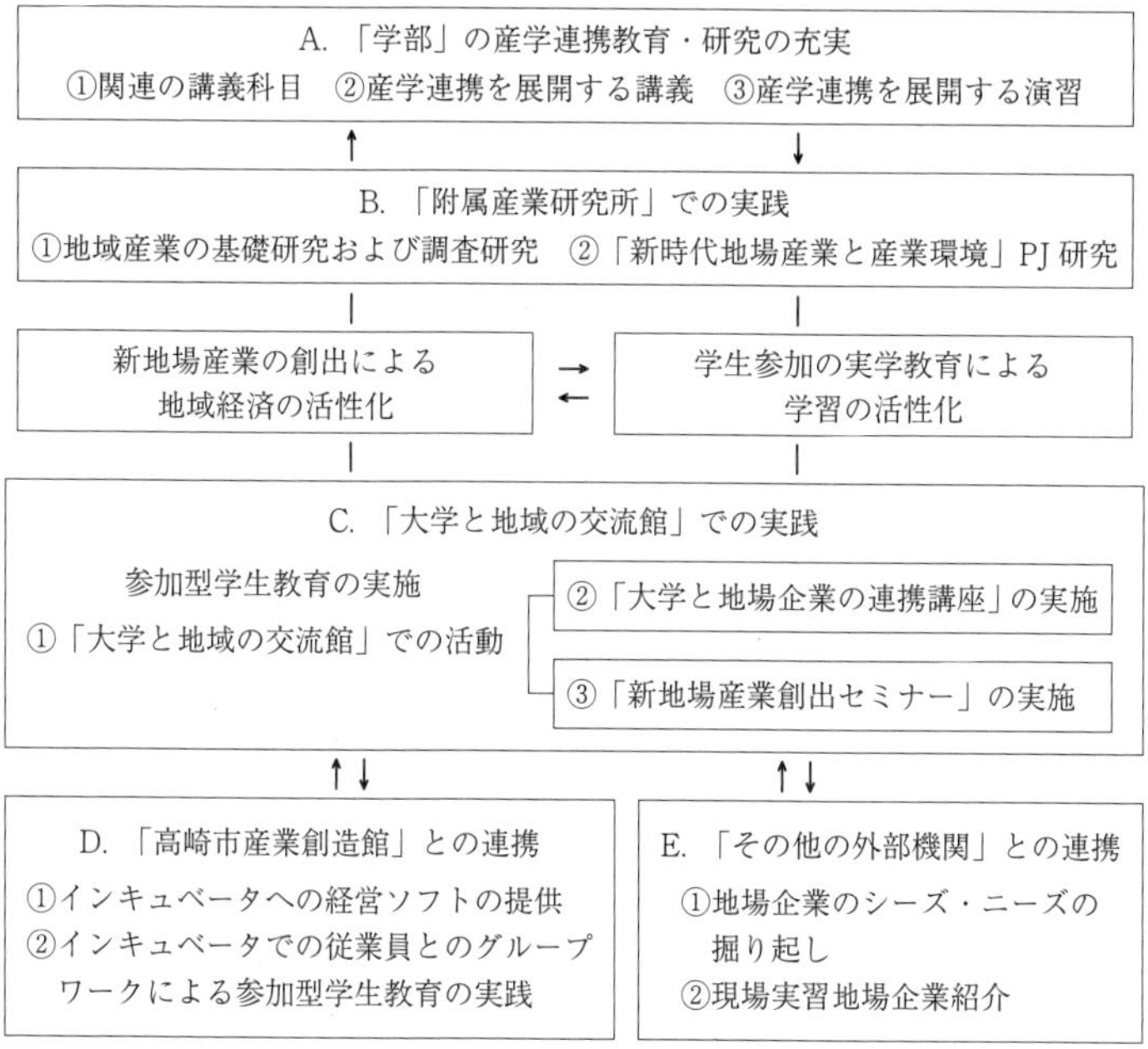

と同時に「大学と地場企業の連携講座」を開始し、地場企業での参加型人間工学の手法であるグループワークを実施する。企業の従業員と学生のコラボレーションによる企業への新しい視点からの経営協力を可能とする地域資源活用型の実践教育を目指すものである。

取組みの概念図を示すと図1のようになる。

高崎経済大学が目指す現代的教育ニーズ取組支援プログラムのもう一つの特徴は、GPが意味するグッドプラクティスとしての先進事例を高崎経済大学の経済学部の教員が全国から収集してきて、そのエキスを授業に活かして、学生に伝えるべくプランしてみた。平成一七年度では、新地場産業創出の先進事例調査については、福井県小浜市を訪れ、御食国若狭おばまを合言葉に新しい地場産業を目指す様子をヒヤリングした。また靴下が地場産業として有名な奈良県広陵町を訪ね㈱ダンや岡本㈱での新しい販売戦略を学んできた。

インキュベーションセンターの教育への活用先進事例調査では、大学発ベンチャーランキングで第一位となった慶應義塾大学の湘南藤沢キャンパスにあるSFC Incubation Villageを訪問した。ＳＦＣとは総合政策学部と環境情報学部の二つからなるキャンパスである。この二つの学部は文理融合型であり、高崎経済大学経済学部が考えている高崎市のインキュベーションセンター（高崎市産業創造館）を活用しての参加型学生教育の先進事例として参考になるものと考えられる。二カ所目は会津大学と会津若松市ビジネスインキュベートセンター一号館である。コンピュータ教育を中心とした情報教育に力を入れている会津大学と会津若松市との連携を参考にしたい。三カ所目は神戸大学連携創造本部である。神戸市にある国立大学法人が運営するインキュベーションセンターでの活動と学生教育をどのようにマッチさせているかをヒヤリングした。以上のような先進事例調査の結果も本シリーズに反映させたいと考えている。

本シリーズは、基本的には「新地場産業創出セミナー」および「大学と地場企業の連携講座」に出講していただいた地元高崎市を中心とした群馬県の中小企業の社長、会長等の役員の方々に、セミナーおよび連携講座でお話戴いた内容を教材として活用できるように、学生にわかりやすいように平易に書いてもらったものである。本シリーズが大学の教育改革の素材として活用されることを願うものである。

岸田　孝弥

目次

1 なぜいま、「新地場産業時代」なのか

武井　昭

はじめに

今日の若い学生は、「地場産業」という言葉にどの程度興味を示すのか。「地場産業」のイメージがわかなければ、興味がわかない。「地場」という言葉は、今日の「グローバル化」時代とマッチせず、「ださい」と感じる人が多いかもしれない。しかし、このグローバル化と同時に「ローカル化」が急速に進行していることには、異論ないであろう。

なぜ「グローバル化」と「ローカル化」という全く逆のことが同時進行しているのか。この問題を真剣に考えている人は少ない。「ローカル化」の中身は「地場産業」に求められるのか。「グローバル化」は、デジタル化、ユビキタス化、モバイル化などの動きからイメージしやすいのに対して、ローカル化は政治的には地方分権化でイメージできても、経済的には「地場産業」でよいのか。

グローバル化とローカル化を結合した「グローカル化」という言葉が流行したこともあったが、この言葉によって何が具体的に浮かび上がってきたのか。ここでは「生活」と「経済」ではないのかと考えたい。この二つの言葉を結合した産業が「新地場産業」といえるのではないか。

1　なぜいま、「地場産業」なのか

言い換えれば、経済的にはなぜ「地場産業」でなければならないのか。それは、一言でいえば、明治維新以来一世紀以上にわたって国土小国人口大国の日本が工業化という形でグローバル経済化を驀進してきた結果アメリカを追い越すほどまでになったが、その結末がバブルの崩壊という形で歴史的にはこれまでのことをいっさい精算して次の第二幕に移らざるを得なくなった。それが新しい型のローカル経済化ではないかということである。

昭和四八年の第一次石油ショックを契機にして先進国は、「工業化社会」から「脱工業化社会」への転換を余儀なくされ、「世界の工場」は「東アジア」に急速にシフトすることになり、今日では最後の切り札として中国に移行し、さらに、インド、ブラジル、ロシアを加えたＢＲＩＣｓが先進国の脱工業化社会への転換が終わるまでに世界経済がパニックに陥るのを避ける役割を担う形となっている。

先進国の東アジアへの工場の移転による「産業の空洞化」の克服が、ソ連・東欧の崩壊で旧社会主義諸国の世界市場への参入により低賃金による「価格破壊」のもとで行わざるを得なくなった。これだけの負荷を「ＩＴ革命」だけで対応できないことは、ＩＴ不況で証明済みとなった。先進国が世界経済の牽引車の役割を果たす最後の国となった国土小国日本は、一五年に及んでもデフレ状況を完全に克服することが容易でないほど日本経済は膨張した。経済の構造改革は、「新地場産業」の創出をどこまでできるかにかかっている。そこでまず明治維新以後の日本産業の発展を地場産業に焦点を当てて振り返っておこう。

(1)「伝統産業」

人間が生き、人が集まるところには産業が成立する。奈良、京都、大阪、金沢など古い歴史のある町にはそれだけ長い産業の歴史がある。江戸時代以前に培われてきた産業は西洋の技術が入り、産業の形態が変容するまでは地場産業というよりも伝統産業という方がふさわしい。

その地域の地域資源を最大限に活用する形で発展してきたものが多いが、それ以上に手工業の段階までは技術と芸術の境界のない技芸といわれるように、芸術感覚と職人的技能に裏づけられた高度な「作品」の価値が値段を規定していた。

それに対して、庶民の日常の生活必需品は原則的には自給自足であった。それほど素朴で質素な生活が営まれ、貨幣経済は非日常生活に限られていた。

(2) 「中小企業」

明治維新によりこれまでの「作品」ではなく機械生産による「工業製品」を生産する「企業」が組織されることになり、国を挙げて「企業組織化」をスムーズに行うことに邁進してきた。わが国を代表する企業はパイロット企業として国家のバックアップを受けてその転換に成功するが、大多数の企業はその転換がスムーズに行われず、長い間「問題としての中小企業」という形で底辺を形成してきた。

こうした大企業と中小企業の間の「二重構造」の解消に一世紀近くを要した。この二重構造が解消するまでの間に地方において発展した産業は二つに分けられる。一つは、先端技術を駆使する大企業の下請けに徹する中小企業で、もう一つはこうした大企業の傘下に入らず、地場の伝統や地域資源を活かす「地場産業」であった。

(3) 「地場産業」

後者の「地場産業」は、伝統産業を否定するものではないが、機械生産のメリットを活かし、市場を全国に展開することで中小企業として発展することが志向された、という意味でわが国の発展段階に対応した日本的地域経済を担う産業であったということができる。それだけ、まだ大企業が入り込むことができない国民の日常の生活に欠かせない商品の開発と提供を地場産業が担う割合が大きかったということでもあった。

こうした「地場産業」は戦前から戦後の高度経済成長期に突入する頃まで続いた。この頃までは、いわゆる「伝統産業」と異なり、地場産業の製品の大半は、庶民に日常生活必需品が占めていたということは、まだ言葉の完全な意味では「近代化」がなされていなかった。

(4)「地域産業」

正確な意味でもはや戦後ではないといわれるようになるのは、ドイツを抜いて世界第二位の経済大国になる一九七〇年頃である。国民の生活は大量生産・大量販売・大量消費のライフスタイルが定着し、中小企業にも好景気が訪れ、「二重構造」が解消される期待が誰の目にも明らかになってきた。

しかし、基本的には大企業の下請け型中小企業という形態は変わらないが、大量生産・大量販売・大量消費のライフスタイル、言い換えれば日常生活の画一化が全国隅々まで進み、その地域の日常生活品を生産していた地場産業製品は市場から急速に駆逐されることになった。

　また、こうした地域の地場産業が生き残っていくには、外国に輸出するか大企業の下請け企業となるしかなくなった。このいずれもはや地場産業とはいえなくなり、地域の中小企業として生き残っていく途を選択せざるを得なくなった。地場産業に代わって「地域産業」という名称が与えられることになるが、「中小企業」ないし「零細企業」の別名でしかないことは明白であった。

(5)「新地場産業」

　こうした地域産業の時代は、バブル経済が崩壊するまで続いた。この頃まで、日本経済は「通産省―大企業―中小企業」の護送船団を組んで向かうところ敵なしの一人勝ちであった。いまにして思えば、それがバブル経済という形でこの絶頂期が終息するシナリオが組まれていたのである。

　バブル崩壊後は、その「中小企業」も中国経済の「世界の工場化」により消滅の危機に瀕することになり、中国に工場を移転するか、転廃業するかの二者択一に迫られることになった。結果的には、多くの中小企業は廃業の途を選んだ。

図１　経済の発展段階における産業と企業の関係

発展段階	工業化社会			脱工業化社会
	途上国段階	中進国段階	先進国段階	成熟先進国段階
産業	伝統産業	地場産業	地域産業	新地場産業
企業	地元零細企業	中小企業	中堅企業	
	パイロット企業	大企業	巨大企業	世界企業

この決断を迫らせたのは、「ＩＴ革命」である。従来の「中小企業」がビジネスの情報化に適合するためには、ヒト・モノ・カネ・ジョウホウの新しい関係を構築する先見性を持たなければならない。こうした革命のエネルギーを持つ中小企業の経営者は高齢者の中には少なかった。

地域産業という形でつないできた中小企業は、「産業の空洞化」と「価格破壊」の二重苦に耐えることができない。この段階で生き残るならその地域に固有の、新しい産業の創出に挑戦するしかなくなってきた。

2　「地場産業」と「新地場産業」のイメージ

(1)　「地場産業」の定義

地場産業の定義としては、「その地域に住む人たち[1]がその地域の発展に貢献する[2]ことを期して地域資源の有効かつ最適な活用[3]により産業として社会的に評価[4]を得る活動をいう」というのがある。この定義によると、以下の四つの妥当性が問題になる。

（1）「地場産業」創生の主体としての「地域に住む人たち」

誰がその地域に住んでいるか。その人たちの主体的活動の総体以外の何ものでもない。地域に住む人たち全員がその地域の最適な地場産業について一定の見識を持つことは企業城下町以外には不可能である。その地域に住む人たちが起業したからこそその地域に集積している産業を地場産業ということになる。

この「地域に住む人たち」の視点に立つことが実感できるならば、この基準はクリアできる。

（2）目標としての「地域の発展に貢献」

何をもって「地域の発展に貢献」というのか。その地域に住む人たちが考える「地域の発展」とは何なのか。この問題に一律の答えを出すことは容易ではない。だとすれば、その時代の一時的な答えをとりあえず提示し、このことの妥当性を綿密にチェックするという形で評価するしかない。

（3）内容としては「その地域の産業発展にとって地域資源の有効かつ最適な活用」

その地域の人たちにとって「地域資源」とは何を指し、その範囲はどこまでを考えているか。さらに地域資源の有効かつ最適利用の基準を何においているのか。これらについてそれぞれの地域で、その地域に固有の最適な答えは存在するかもしれないが、それを具体的に明示するのは容易ではない。だとすると、この内容については、さらに状況を設定しなければならない。

（4） 結果としての「高い社会的評価」

その一つの答えが「高い社会的評価」である。その場合に何をもってそれを計るのか。それについては、種々のケースに応じた評価基準を提示することが先決になる。「地場基準」と「産業基準」の関係に関して、社会的にみて納得のいく評価基準は、すべて結果からみて整理すること以外にない。

(2) 「新地場産業」のイメージ

以上の定義では、その地域で発展してきた産業はすべて「地場産業」ということになる。これでは、現実に起こっている「地場産業」を具体的に捉えることができない。新地場産業をイメージするときに重要と思われる以下の三つの関係について考察しておこう。

①「地場―地域」関係

1 「地場産業」

地場産業は、「地域特性を活かした産業が集積することによる効果が認められる状況を指していう」としたら、伝統産業や特産品産業はもとより、中小零細企業も含まれる。地場産業についてのこうした捉え方は今日でも最も一般的な捉え方でもある。これら三つの産業が今日においてもわが国の産業の中軸を形成しているとはいえなくなったが、それぞれの地場に、事情に応じてそれぞれが厳然と存在している限り、これからも完全に否定することはできない。

大量生産、大量販売、大量消費が日本経済を席巻する前までは、生産、流通、販売、消費の経済構造の全過程においてその限られた地域内において社会的分業が成立していた。つまり、それだけそれぞれの地場において生産される製品が、その地域に住む人たちの日常の消費生活に組み込まれ、その地域内で循環する経済構造が形成されていたということである。

したがって、こうした地場産業が発展し、その製品を生産、流通、販売、消費する地域が拡大し、生産、流通、販売、消費のそれぞれの段階において関係する地域が異なるようになる。こうなると、地域内で循環する経済構造は限られたものになる。そして、生産―流通地と販売

―消費地が完全に分断され、前者が地場産業を規定するようになる。それでも、その地域内で生活する人がいる限り、その人たちによって経済循環が行われる程度において「地場産業」としての存在理由を持つ。

2 「地域産業」

ところが、規模の経済を追求する大企業が、家庭電気製品や自動車などの生活必需品の生産に本格的に参入するようになると、これまで地場産業が担っていた生活必需品の供給の役割と完全に競合し、地場産業の製品では対抗できなくなり、衰退の一途をたどることになる。それが百貨店、スーパー、コンビニのような全国的規模でのチェーン店化が進み、ついに個人の小売店は存立の基盤を失うとともに、従来の地場産業は地場性を完全に失うようになる。

地場性をなくしたナショナルブランドの製品を消費し、全国どこでも同じライフスタイルになることに何の違和感もなくなり、いわゆる「一億総中流」の社会が実現した。こうなると、地場産業として生き残る根拠はなくなり、辛うじて地域の中小企業として生き残っていく途を選ぶしかなくなった。

その結果、大企業の下請けであっても「地元資本」をベースにした中小企業が一定の地域に集積し、その地域の産業の特色を形成している場合には、「地場産業」とはいえないとしても

「地域産業」として存続が可能になる。要するに、大企業に対する「中小企業」としてその地域で生き残っていくということである。

地場ではなくその地域の産業として生き残るには、

①「地元資本群をベースとする中小企業」が、

②「一定の地域に集積」し、

③「地域内に産出する物産等を主原料」にすることができなくとも、

④「資本、技術、労働等の高い集積効果」が発揮されるならば、

地場産業とはいえないが、地場産業の延長線上にある「地域産業」と呼ぶことができると見なされることになった。

②「マーケット―バザール」関係

1 「マーケット」

今日の経済は「市場経済」体制であるといわれる。「市場」（マーケット）での評価が経済のあり方を決定することに対して公式的には国民の同意を得ているとされている。マーケットで高い評価を得ている製品やサービスはＧＤＰの上昇に貢献し、国民生活の豊かさを増進する。

　しかし、この「マーケット」での評価は、市場を広く全国や世界に求めて製品を生産している「規模の経済性」に限られた製品とサービスの生産にしか妥当しない。また、高い技術集積性のみが基準になるため、地場性が著しく低く、新製品市場での評価に限られる。

　要するに、ヒト、モノ、カネ、ジョウホウなどの資源に内在する「時間」と「空間」の制約を最小にし、中立化することで得られる、「評価」でしかなくなる。

　さらに、世界中どこからいつでも開いて、同じ情報が得られるインターネットの発展により、「ネット市場」が形成され、それが急速に発展している。従来のマーケット評価を期待するものからマニア型のものに至るまで「ネット市場」は、高いリスクを伴う可能性があるものの、従来にはないＡＶ（オーディオ・ビジュアル）化された「人の見える手のマーケット」（バーチャル・リアリティ）として新しい領域を形成しつつある。

　こうした「マーケット」のグローバル化ないしユビキタス化は、他方でその対極にある「蕩尽市場」ないし「循環市場」ともいわれる、神を意識した使い捨てではない「神の見える手のマーケット」への回帰も起こっているのも事実である。

　その場合、再利用（リユース）市場、中古市場、フリーマーケットに限定する「第二市場」（セカンドマーケット）と再生（リサイクル）の比率が表示される「第三市場」（サードマーケット）は区別し、従来の「マーケット」とは異なった評価がなされるべきである。

ネット市場や第二市場は消費者ないし生活者に直結してはいるが、基本的にはメディアを媒介しているため商品やサービスを提供する側の経済的合理性が評価の基準となっている。これでは、消費者や生活者の生産活動や経済活動は、排除されているといわざるを得ない。

2 「バザール」

そもそも工業製品を基準にして市場での価格が経済的価値を規定するとする「マーケット」では、非工業製品に対する経済的価値が正確に評価されない部分があり、工業製品の発展が進めば進むほどその比重は大きくなる。非工業製品にはそれに適した「市場」が必要になる。

工業製品に制約されない市場評価がなされるときの「グッド・オフィス」（調整空間）は「アーキタイプ（原型）としてのマーケット」（カタラクシー）ないし「ゼロ・マーケット」と呼ぶべきであろうが、現実に存在する形態としては「バザール」が最も近いであろう。

今日でも「地産地消に適した商品の地元市場」や「地域住民相互の交流に寄与するための商品・サービスの開発空間」としてバザールは、ＧＤＰ額としては大きくはないが、実体経済としては大きな比重を占めている。家庭菜園、家庭農園、日曜大工、家庭料理など家庭で自家消費のために行う経済活動の余剰分はその地域の生活に潤いを与え、活力源となっている。

工業製品のように高度で大規模な機械生産によらず手作りの商品専門の市場（バザール）が社会的価値の視点から正しく評価されるならば、その地域の経済生活に潤いを与え、「マーケット」に偏重するマイナスを補い、「二つの市場」がバランスがとれた状況が形成されるようになる。

③「現場力―地場力」関係

1 「現場力」の構造

「地場産業」なり「新地場産業」は、いつの時代でもその産業を供給する側と需要する側の利害関係が一致する範囲での模索を通じて行われるにもかかわらず、その地場（地元）において物やサービスを提供する供給者が現場力を強化できた分だけ他の供給者より市場での競争に優位に立つことができる限り、その企業のフィールドの内部（インフィールド）と外部（アウトフィールド）、さらには企業内外でのフィールドワークとフィールドリサーチの縦横の関係において現場力を最大限に発揮するだけでよかった。

現場力の強化というと、ともすればインフィールドにおけるフィールドワークに集中しがちになるが、今日のように社会経済環境が構造変動をとげているときには、アウトフィールドに

図2　「現場力」の構造

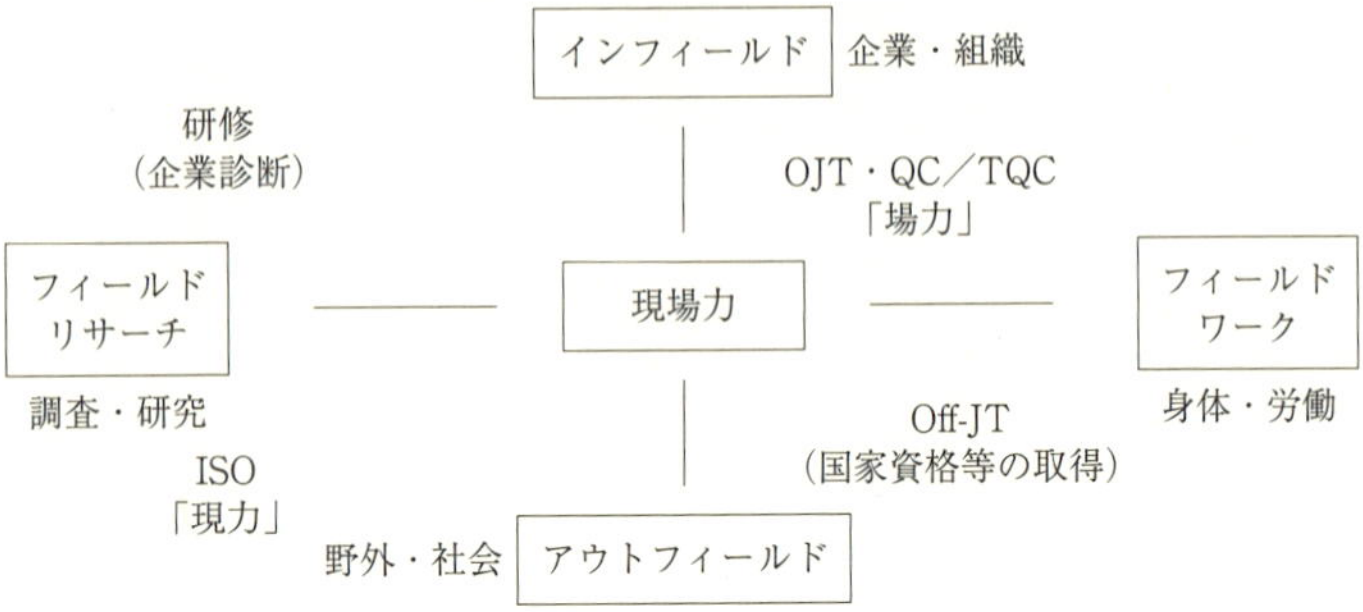

おけるフィールドリサーチを強化することが現場力の強化につながる。このことは、ひと頃のＱＣ／ＴＱＣブームが急速に冷め、代わってＩＳＯブームが到来したことに端的に現れている。

今日の時代がどの方向に向かっているのかを見通すことが先で、ついでそれとインフィールドの関係はどうなのかが問題になる。供給者である企業サイドからすると、その企業を取り巻く内外のトータルな環境の全体を捉え、企業内部で可能な限りの現場力の強化をはかることを最大の課題にするしかない。

2　現場力と地場力の関係と地場産業

今日の時代がグローバル化とローカル化という、全く逆方向での新しい時代の経済の構築を模索してきた。ローカル化の模索は、地場産業の創出に関しては、供給者サイドでの現場力の強化の視点から行われてきたが、これでは今日の「地

図3　現場力と地場力の関係と地場産業

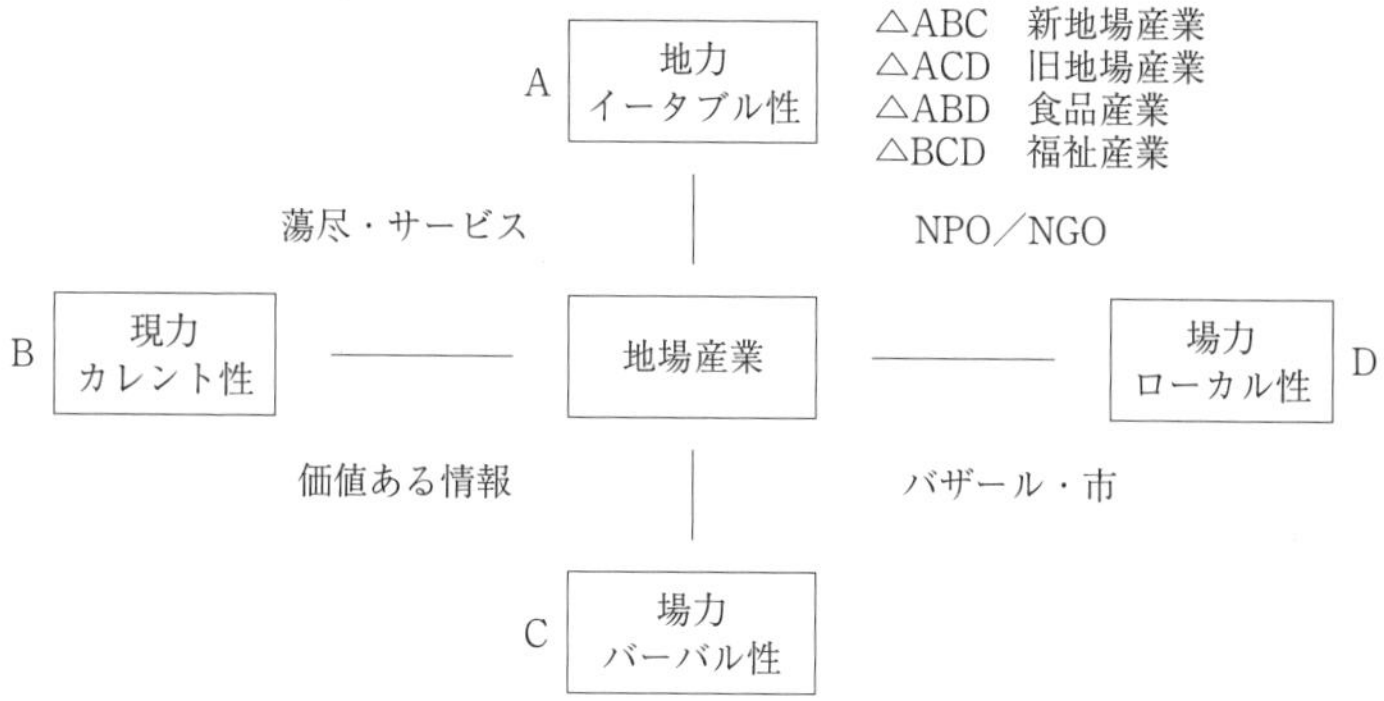

場力」の強化につながらない。地場力の強化には、バザール経済の発展をも視野に入れた「地力」（イータブル性）と「場力」（バーバル性）を融合する必要がある。現場力が供給者サイドの経済的合理性に偏りがちであるので、地場力は需要者の生活の質の向上につながるルートの開発がポイントになる。そのときの産業としては、食品産業と福祉産業の発展の基盤が強化されることになろう。

3 「新地場産業」創生への生活と経済からの挑戦

(1) 「新地場産業群」形成の基盤

①二つの「プロセス革命」の進展

以上のことからも推察できるように、バブル崩壊後はグローバル化とローカル化の二つの方向において現場力と地場力の強化という形で時代の要請に見合った日本経済の構造転換をはかってきた。先進国の「工業経済」はもはや完熟し、それに代わる「新しい経済」の構築を模索しなければならなくなったが、その過度期の社会は「脱工業化社会」と名づけられてきた。その社会の中心として「情報化社会」が最有力候補に浮上してきた。

この情報化社会も過度期の域を出ないかもしれないが、次の時代の経済は、供給者（サプライサイド）と需要者（デマンドサイド）の両方から「グローバル経済」と「ローカル経済」のバランスのとれた持続可能な発展の方向を探ることからしか埋められないといえる。ローカル経済に関しては、「新地場産業群」の創出にどこまで成功するのか。その答えが誰の目にも明らかになるには、まだまだ長い道のりを要するが、日夜、供給者と需要者の両面からの「プロセス革命」の進展が続いている。

供給者は中国経済に対抗する切り札として「サプライ・サイド・マネジメント」（ＳＣＭ）という形での合理化に向けて「プロセス革命」が進行している。今日では、「研究開発―生産」、「流通―販売」、「消費―廃棄」の三つの関係内および関係間の全プロセスにおいてＩＴ革命の利益を最大限に活用し、供給者相互の差別化により生き残りをかけて、しのぎを削っている。

図4　SCMとDCMの関係の社会経済的関係

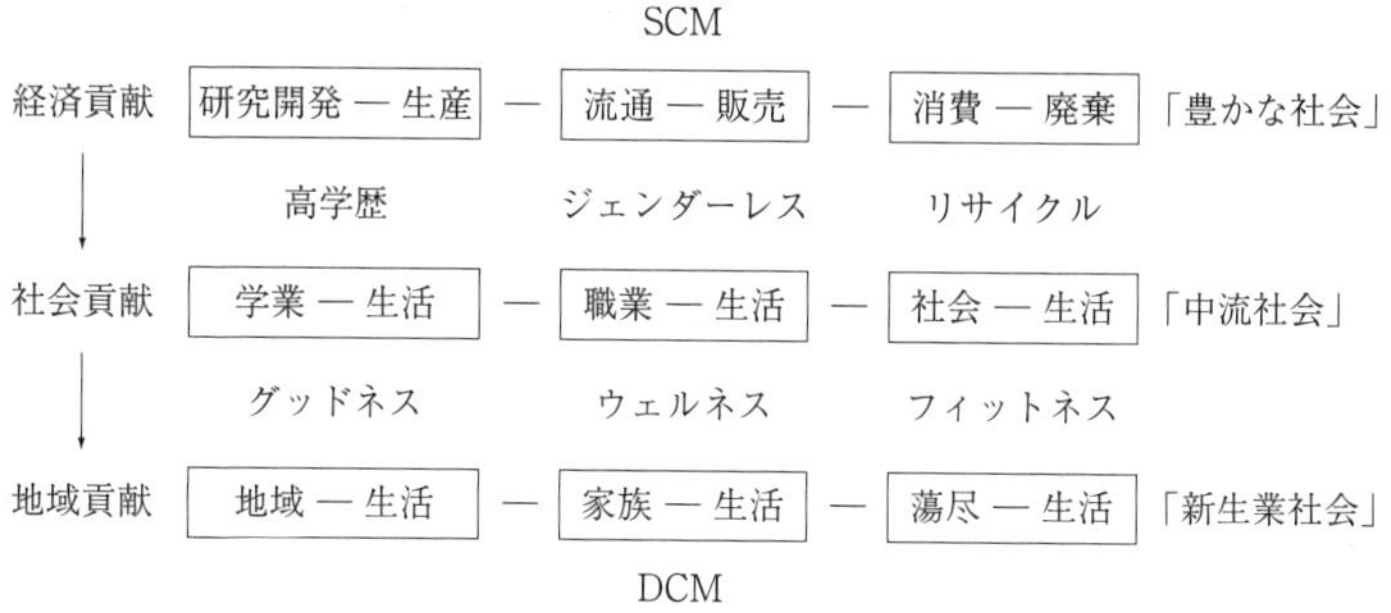

このことが企業が生き残る鉄則であるとされ、供給者はデジタル化、リアルタイム、ユビキタス化、ネット化、ロジスティックス化、システム化などによって、時間、空間、性（ジェンダー）間、人間の境界をなくし、むら（斑）、無理、無駄はもとより、中間システムをカットし、低コスト化と効率化を高めることに邁進してきた。

企業のこうしたパフォーマンスに適応することに、「学業―生活」、「職業―生活」、「社会―生活」も高学歴化、ジェンダーレス、リサイクルという形で対応してきた。

供給者サイドのパフォーマンスに目を奪われてきた結果として九〇％近くの人が同じような都市型の生活をするという「中流社会」が形成され、「豊かな社会」が実現した。

バブル経済の崩壊によってこの供給者サイドのパフォーマンスに需要者が受動的に対応することの積極的な意義が希薄になると、需要者サイドのパフォーマンスの占める比重は大きくなってきた。こうなると、「地域―生活」、「家族―生活」、「蕩尽―生活」という三つのデマンド・チェーン・マネジメント（ＤＣＭ）感覚が需要者に芽生えてくる。

それに対して、社会貢献や地域貢献の場合には、ＳＣＭのような研究開発から廃棄に至る循環構造がマーケットを通して得られる貨幣によって表現されるような明確な基準はないが、人間の自然な対話からその人が食べていくのに必要な人・もの・サービス・情報が得られる可能性が現実にモニタリングされ、現実に相互に扶助される。今日の経済システムでは、個々人のレベルではこの可能性を限りなくゼロにし、国家にその役割を委ねるということになった。これでは経済貢献を基準にしたＳＣＭによる合理化だけが社会全体にとってポジティブな意味を持つことになる。

しかし、今日のように、ＳＣＭの効率化自身には積極的意義を見いだし得なくなると、デマンド・サイドのパフォーマンスへ、すなわち需要者の「生活経済」（非市場経済）と供給者の「市場経済」の二つの関係のバランスある発展を中心にすえる必要がある。すなわち、マーケットにおいて貨幣で評価される経済活動とバザールで貨幣で表示されない経済活動をも合わせたグッドネス（善良さ）、ウェルネス（幸福）、フィットネス（健康）の三つにおいて「生活」の量と質の充実をはかるシステムに本格的に取り組むようになるということである。

その場合に注意しなければならないのは、デマンドサイドは消費者に最も近い小売業だけではないということである。消費者よりもっとデマンドサイドに生活者がいる。この生活者のデマンドを小売業者がくみ取るとき初めて新しい地場産業の可能性が開ける。

②三つの「地場産業群」の形成

バブル崩壊後、今日までデフレ経済の克服につながる可能性があると思われることは、たとえば、産官学の連携、大学発ベンチャー、NPO／NGO、ボランティア活動、商店街・中心地活性化、フリーマーケット、インキューベーション・センター、空き店舗・廃校の有効利用、メセナ活動、地域福祉、エコマネー、再利用・リサイクル、省エネ・省資源、ホームステイ活動、廃品回収活動、フリーペーパー、構造改革特区、都市再生、SOHOなどさまざまな試みがなされてきた。

その効果が徐々に現れ始め、経済が完全に成熟した段階でのデフレ経済の克服の兆しが見え隠れするところまできた。地場の企業がその地域で生き残っていくときの方向性も同様に見え隠れする段階にきている。たとえば、re（再）、消、省、非営利の四つの頭文字で描かれるものによって形成される産業群は、「新地場産業群I」と名づけるとする。これら四つの頭文字

図５　「ソーシャル・ニーズ」と「地場産業群」の関係

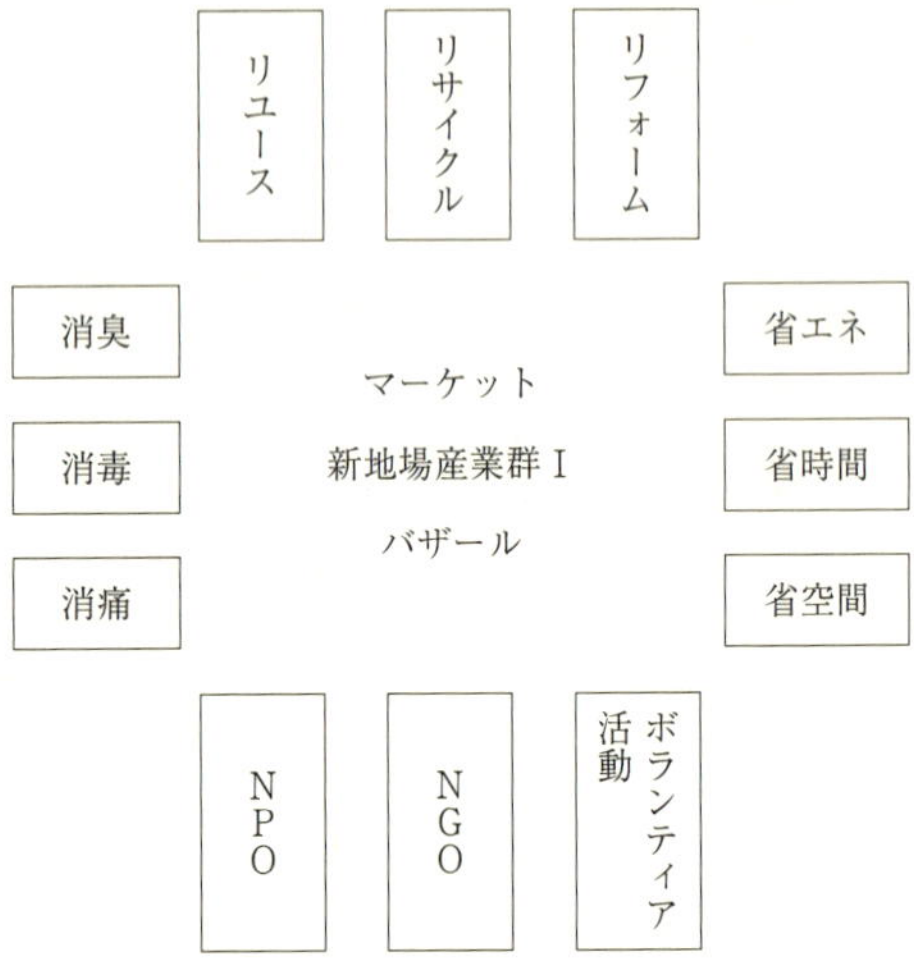

を冠した言葉の産業の創生に向けていずれも日常の具体的な生活の次元で発展することが強く求められている。こうした要請にどこまで企業が応えられるか。残念だが、現時点ではまだ決定版が出来上がってはいない。

　こうした産業の中からビジネスとして発展するものもあれば、ビジネスとまではならない非営利産業のままとどまるものも存在する。ビジネスとして発展できるもののチェックはマーケットでなされるが、非営利産業として存続できるかどうかをチェックするグッドオフィスも必要である。それがバザールである。

　図５と図６は、「ソーシャル・ニーズ」および「ビジネス」の視点から見た新地場産業群創生の可能性についてのイメージ図の一例である。

　いずれの場合においてもマーケットの評価を基準にするビジネスとして発展できなくともバ

図6 「ビジネス」としての「新地場産業群」

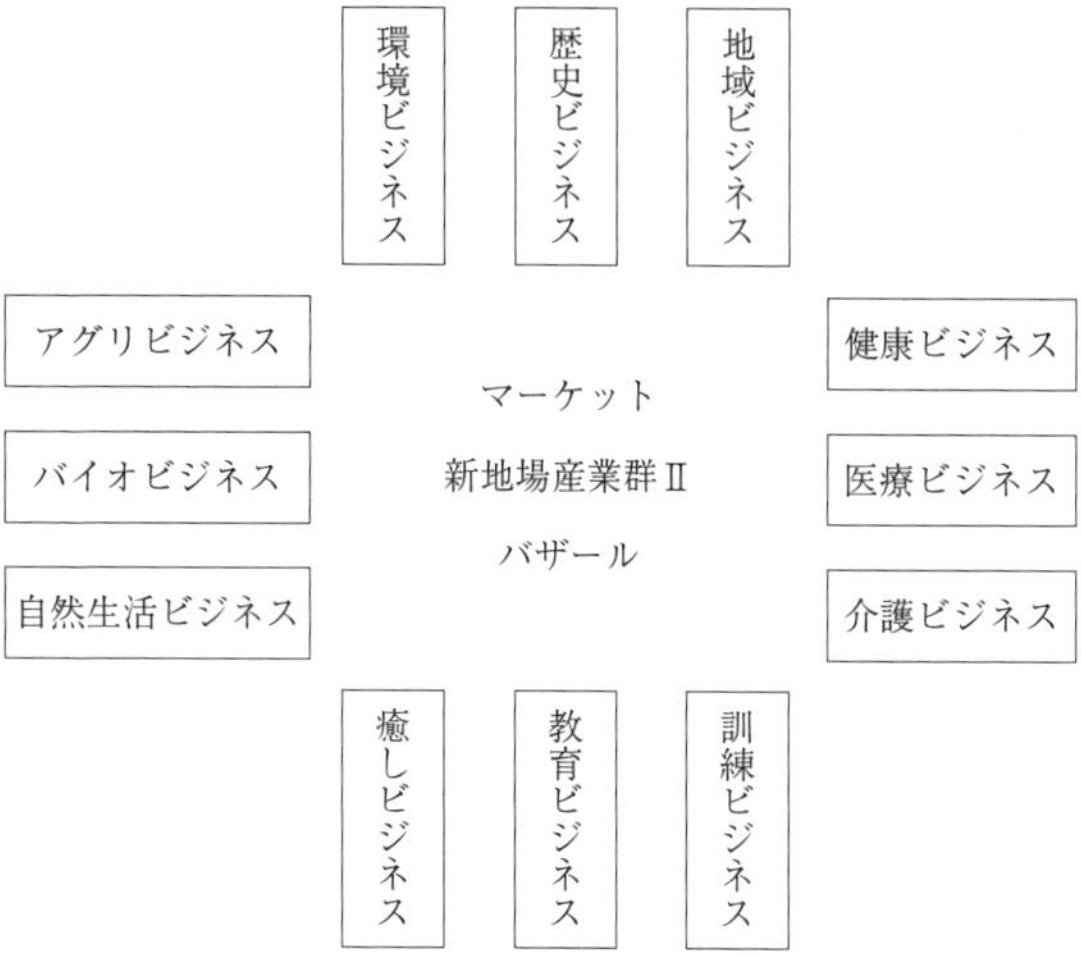

ザールのレベルでの評価において必要な非営利の産業としては存続する可能性が残されている。後者の意味での地場産業群が形成される可能性を残していることによって、前者の意味でのマーケットの健全な発展に貢献する。

図5、図6の二つの「新地場産業群」は「物」の提供を中心にする供給者が形成するものである。したがって、生活者のための物やサービスといっても供給者の論理に適合できるものに限られる。生活者の生活は、たとえば、図7に見られるように、現実に暮らしに直接役立つサービスは人を通しているために精神的な満足も得られるのに対して、「物」によって得られるのはその物に内在する機能に限られる。

図7 「生活」と「地場産業群」の関係

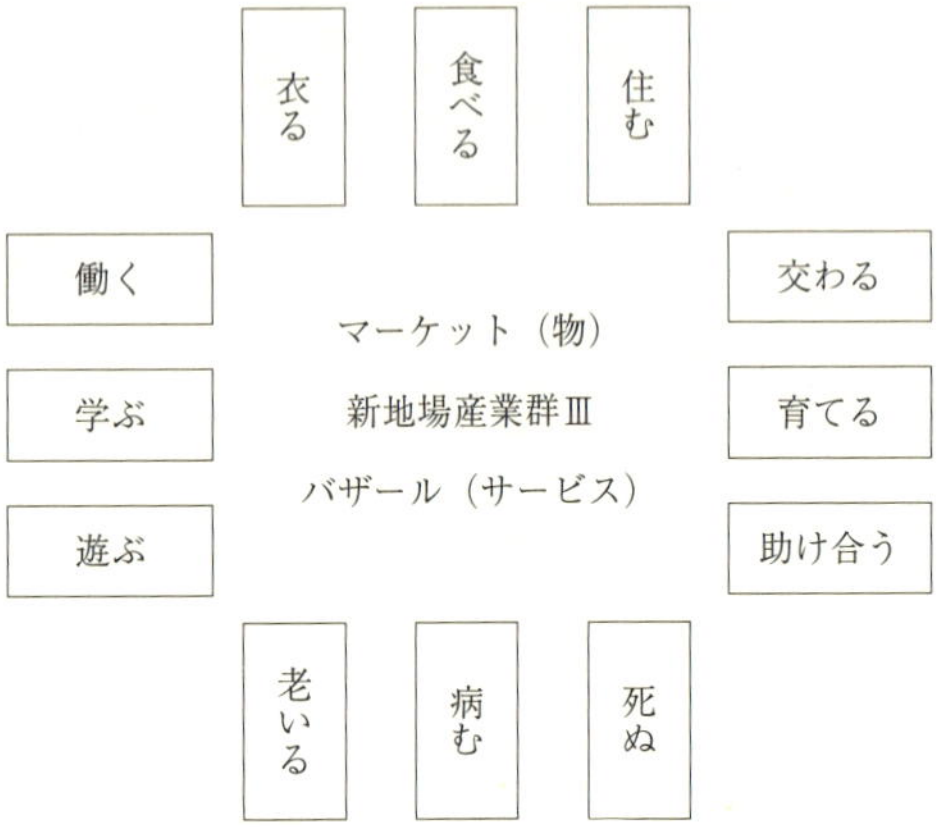

経済が成熟し、少子高齢化が進んだ今日では「物」よりも「サービス」に対する需要が大きいにもかかわらず、現状では生活において最も必要な生活サービスが得られる社会経済システムが構築されていない。こうした期待に応えることができるサービス中心の産業が図7「新地場産業群Ⅲ」であるといってもよい。そのためには、生活者の生活に密着して初めて得られる情報だけが経済のコンテンツを形成する。それは生活者が安心して享受できる訪問・宅配・在宅サービス業への転換が、どのようにはかられるのか、にかかっている。

「物」を中心に供給する提供者は、経済的合理性を追求することの利益を生活者にPRするが、生活者の生活に最も密接な物でなければ、その国全体の経済から見ると必ずしも最適な資源配分がなされているとはいえない。生活者の生活において最も必要なサービスの提供ができるシステムもそれなりに発展してきたが、「物」中心であったために、「チェーン店化」以上になることができず、物を消費する人に対するサービスの域を出ることができなかった。消費者ではなく生活者の生活に必要なサービスを提供するには、提供する人もそれを受容する人も、ともに人間同士として信頼関係が成立していなければならない。

供給するサイドにおける「地場力」と「現場力」の強化をはかるには、少なくともこの「新地場産業群Ⅲ」の創生に貢献することを見据えたうえで、「新地場産業群Ⅰ」と「新地場産業群Ⅱ」の発展をはかる必要がある。

おわりに

地方分権ということと産業がつながりを持たないならば、三割自治の壁を破ることはできない。地方自治は政治や行政の次元でのみ取り上げられ、その地域の経済的基盤である産業がグローバルやナショナルの基盤である「規模の経済」の論理で展開されている間は、地域産業育成の域を出ることができない。

この間の溝を埋めるには、規制緩和を促すだけの地場に深く根ざした地場産業群が簇生する必要がある。群馬県は「首都圏」では、次代の生活者中心の地場産業創生の中心になる可能性を持っている。本書で取り上げたものは、従来ともすれば最終消費者という形で生産者主権との関係で捉えられてきたが、これでは地場に根づいた地場産業は生み出せない。本書で取り上げた事例は、ほんの一例にすぎないが、地場の生活者が人間らしく生きていくうえで不可欠な産業に発展する条件の一端が読み取れるのではと確信している。地場に生きる人々の生活の質の向上に貢献する経済が、世界経済や国民経済の根底を固めて、初めてそれらの経済も持続可能なものになる。

2 先端技術を活用した「生活革命」への挑戦

須郷 高信

はじめに

日本原子力研究所（現・日本原子力研究開発機構）在職中の大半を、放射線照射利用技術（放射線グラフト重合法）を応用した高機能材料の創製に関する研究開発に専念してきた。特に、海水中のウランやバナジウムなどの有用希少金属を選択的に吸着する繊維状捕集材を開発し、青森県関根浜や沖縄県恩納村の沿岸での実証試験を行い、高純度のイエローケーキの精製に成功することになった。この技術を発展させて工業廃水や鉱山廃水中の重金属分離除去技術の開発を進めた。放射線グラフト重合法（放射線を利用した化学の接ぎ木技術）により既存のポリエチレン膜に導電性機能を導入した長寿命アルカリ電池用隔膜や半導体製造設備用大気浄化フィルタの製造技術を開発するとともに専門企業に技術移転して実用化に成功した。電子線照射装置と化学反応装置を組み合わせた連続重合装置をプラント企業と共同で開発し、放射線グラフト重合製品の工業規模での連続生産を可能にした。また、日本原子力研究所在職中に「ベンチャー支援制度」の第一号認定を受け、平成一一年七月に㈱環境浄化研究所を設立した。設立の理念は、放射線グラフト重合技術を応用した「暮らしに役立つ放射線」を目指し、高齢化社

図1　生活福祉関連材料への適応

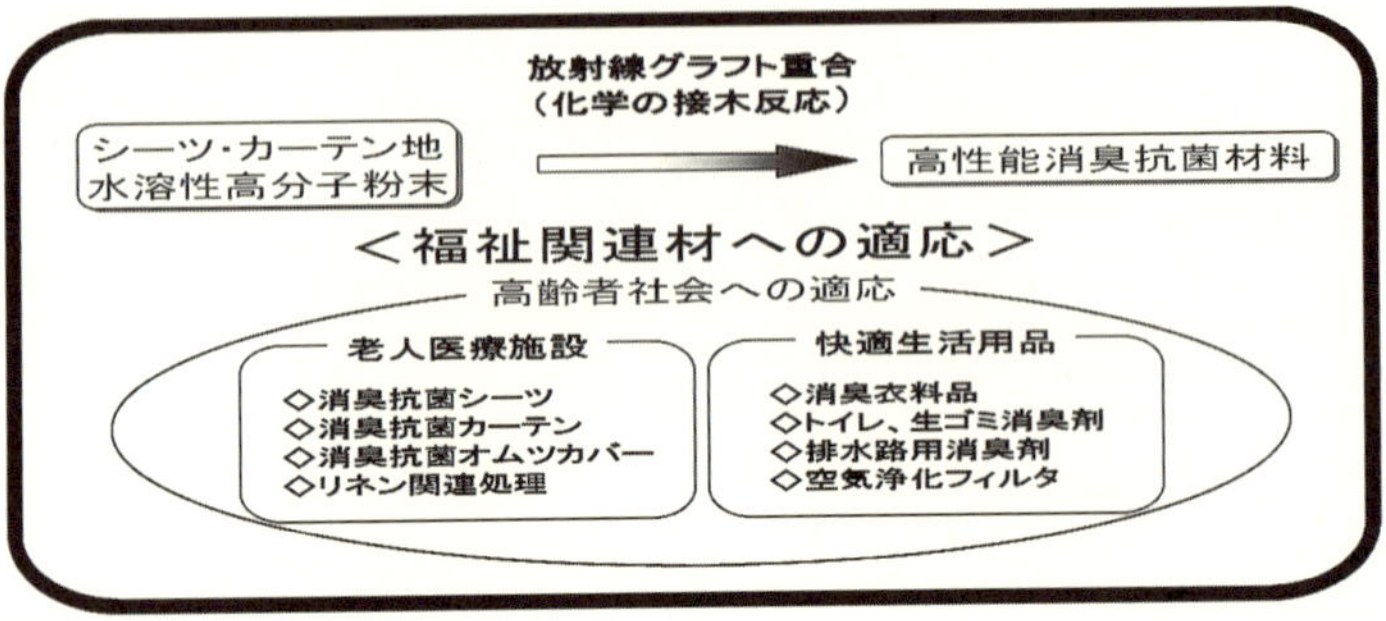

会に適応した生活福祉関連製品や廃水・土壌中環境汚染物質の吸着分離材料など、誰にでもわかりやすい生活に密着した身近な製品の開発を目的に、産官学の技術交流の実践を積極的に推進した。

1　暮らしに役立つ快適生活用品の開発

シーツやカーテン地など既存の生活用品を素材に、放射線グラフト重合技術を利用して、高性能の抗菌消臭機能を付与した生活福祉関連材料の企業化を推進した。特に、高齢化社会への貢献を目指して、老人医療施設への適応を考慮した、環境衛生関連製品の開発を進めた。グラフト重合技術を応用した主な開発項目を図1に示す。

老人医療用品としては、加齢臭や汗臭を吸着消臭する抗菌消臭シーツや蒲団カバー、ベッド間の仕切カーテン、オムツカバー、そして、介護者用の抗菌消臭白衣などを開発した。快適生活用品としては、消臭オムツや靴下などの衣料品、スポーツウエア、作業着、空気浄化フィルタ、トイレや生ゴミ消臭材、冷蔵庫消臭材、排水路の液体消臭剤などを完成させた。

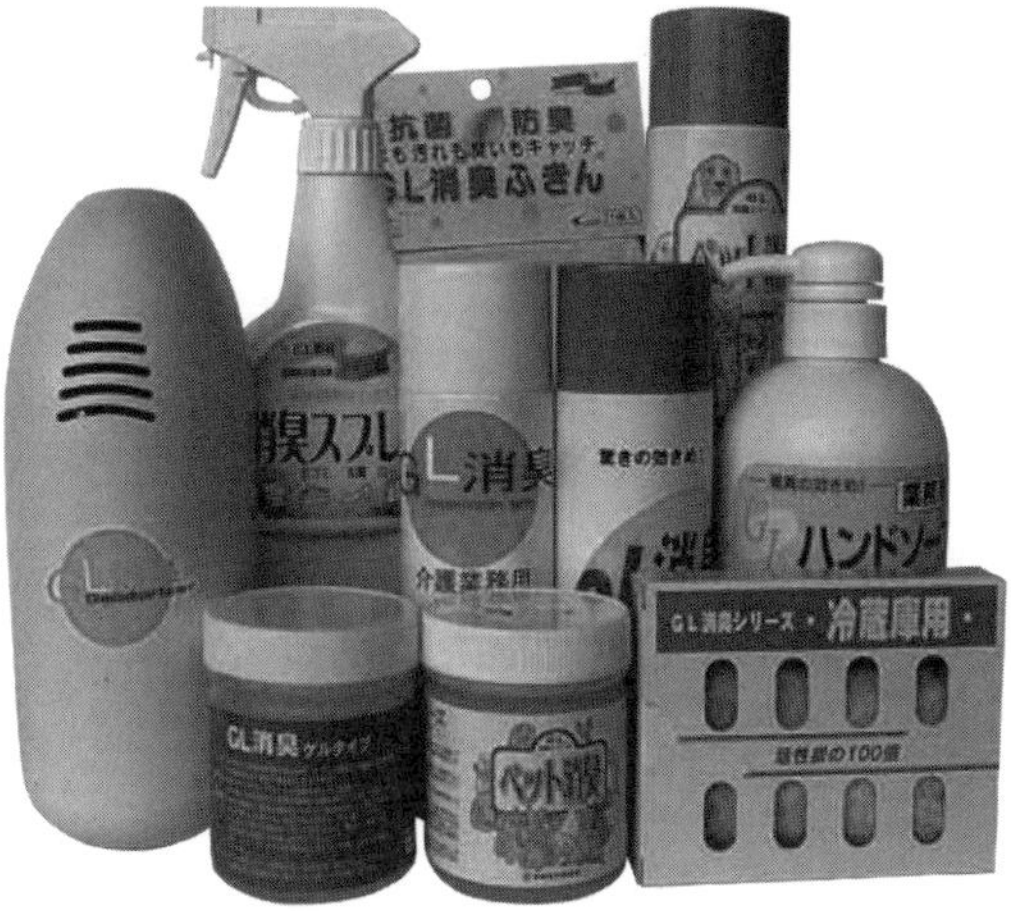

写真1　新技術を応用した家庭用消臭製品

写真1に家庭用消臭製品の一例を示す。放射線グラフト重合技術を応用して、家庭用液体消臭剤や消臭缶スプレー、電池式の置型消臭器、魚料理の生臭い手を洗浄する消臭ハンドソープのほか、すべて紙原料から製造し焼却処理可能な冷蔵庫用消臭剤、ペット用消臭製品など従来製品と比較して一〇倍以上の消臭効果が認められ、ドラッグストアや家庭用品店などで販売されるようになった。

写真2　消臭機能を導入したボビン巻原糸

2　地域産業との連携で事業を拡大

近年の繊維産業は衰退傾向にあり、染色装置の稼働率は三〇％程度であった。この遊休装置を改良し、放射線グラフト重合と染色技術を組み合わせて、地場産業との共存を進めた。その結果、大資本を投入することなく、ボビン巻原糸に直接消臭や抗菌機能を導入することが可能となった。写真2にグラフト重合処理をしたボビン巻消臭原糸（右）と未処理原糸（左）を示す。このグラフト重合繊維と未処理繊維を組み合わせて紡織することで機能化繊維製品を完成させ大量生産に適応できるようになった。この技術を発展させて有力百貨店との提携により紳士、婦人、インナー、寝具、スポーツなどの各コーナーで高機能繊維製品「DeoRex」

写真3　消臭原糸を織り込んだ衣料品の一例（DeoRex 製品）

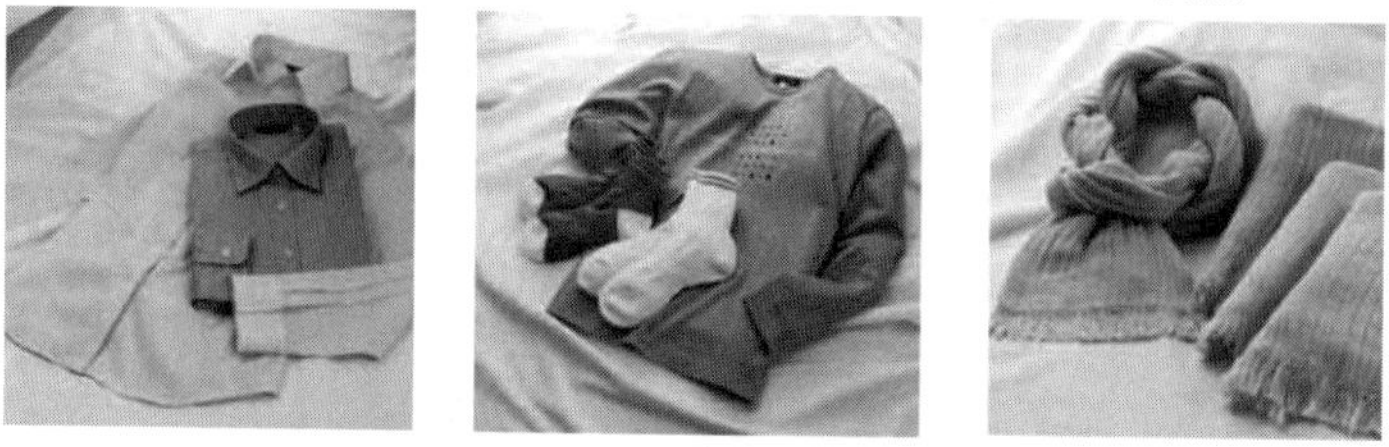

のブランドで衣料品市場への参入を果たした。写真3に消臭原糸を織り込んだ衣料品の一例を示す。繊維、アパレル、流通の各業界の協力を得て全国規模での店舗展開を進めた結果、財団法人店舗システム協会から衣料品・日用品部門の平成一七年度奨励賞を授賞するに至った。国の研究機関から生まれた放射線利用技術が、地域特有の企業と連携し、合成、染色、紡織の三者がそれぞれの特性を出しあってネットワークを構築してコストの低減化を進めることで新興のベンチャー企業が大手市場への参入をはかることができた。

3　グラフト重合技術を家電製品に応用

水溶性高分子素材に放射線グラフト重合技術を応用してゲル状消臭剤を製造し、小型ファンで抗菌消臭エアロゾルを発生させる技術を開発した。この技術を大手家電メーカーと提携して家庭用消臭器「エアリオン」シリーズ（写真4）を完成し、全国展開を進めた。

写真４　グラフト重合消臭剤を内蔵した家庭用消臭器

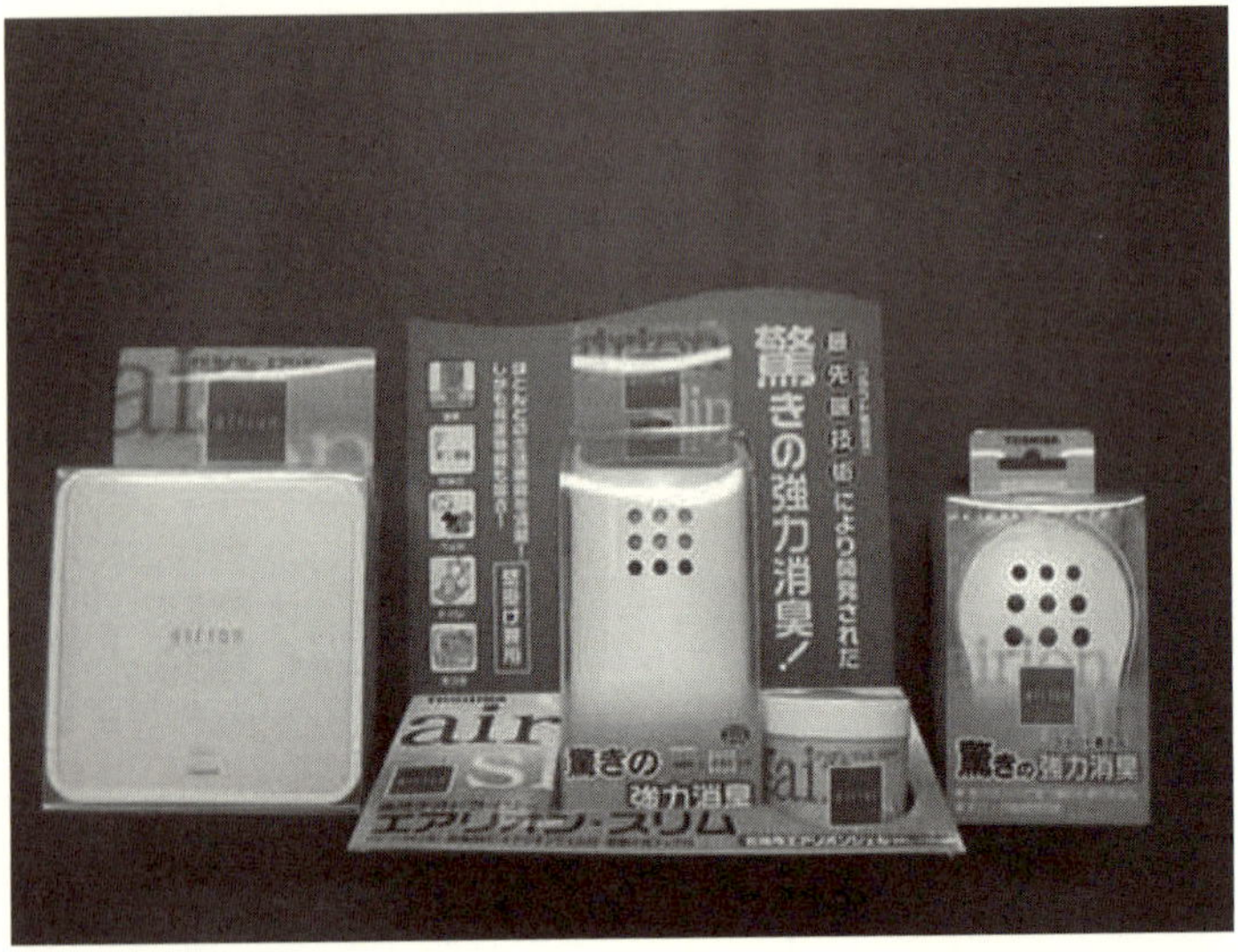

その結果、家電量販店や家庭用品店、ドラッグストアの店頭で「グラフト重合技術」の文字が大衆の目に触れるようになったのである。

従来の壁掛型空気清浄器は臭気を吸引し、機器内に組み込まれた消臭フィルタと接触させて浄化する方式である。病室などの広い部屋の場合は臭気発生源と空気清浄器が離れており、消臭フィルタとの接触効率が悪いためほとんど消臭効果が認められなかった。

写真5は高齢化社会に適応した老人医療施設の室内浄化を目的に設計・製作した消臭装置である。この装置は液体消臭剤を気化させ、エアロゾルとして室内を

写真５　グラフト重合消臭剤を内蔵した空気浄化装置

充満させる方式で四人部屋程度の広さを対象として開発試験を進めた。本浄化装置は二〇畳程度の部屋で魚を焼いた臭気を効率的に消臭したり、タバコの臭気対策に効果を発揮するなど、既存の空気清浄器では得られなかった優れた浄化性能が確認された。これらの結果をもとに、医療施設やホテル、カラオケルーム、ペットとの共生や一般生活空間などの環境対策製品として全国展開を進め、各方面から高い評価を得ている。

4　グラフト重合技術で感染症予防に挑戦

近年、インフルエンザが世界的に流行

し、ワクチンの不足など社会問題になった。また、新型肺炎（ＳＡＲＳウイルス）や鳥インフルエンザが猛威をふるい世界中を震撼させ、世界経済までも脅かす新たな問題が発生した。

咽喉のうがい薬で知られているポビドンヨード（商品名：イソジンガーグル）はウイルスやＭＲＳＡ、セラチア菌などの抗生物質に耐性のある細菌や真菌などに対して殺菌作用が高く、世界各地の医療機関で利用されている。ポビドンヨードは水溶液で使用し、乾燥すると効果が低下するため使用方法や使用期間に限界があった。この問題点を解決するため、放射線グラフト重合技術を応用して、ポビドンヨード（ポリビニルピロリドン・ヨウ素錯体）を糸や布、フィルタ素材にしっかりと固定化する技術を開発した。

ポビドンヨードの殺菌性能を評価する目的で、抗生剤に対して耐性を持った院内感染菌や真菌を一〇万個から一〇〇〇万個に増殖した培養液をグラフト重合フィルタに滴下し、所定時間ごとの生残菌数を測定した。院内感染菌として大きな社会問題になっているＭＲＳＡやセラチア菌に対して、図2に示すように優れた殺菌効果を発揮することが確認された。また、図3に示すように、インフルエンザウイルス（Ａ型）に対しても感染価の著しい低下が確認され、風邪対策マスクとして有効であることが認められた。平成一五年春に中国大陸を発生源として世界的な猛威を振るった新型肺炎（ＳＡＲＳウイルス）について同様な試験を行った結果、従来技術では得られない優れた効果が認められた。

これらの結果をもとに、マスクの補助材としての殺菌フィルタを開発し、医療用品企業との共同開発により「イソジンマスク」「ウイルスブロックマスク」「グラフトシャットフィルタ」などの名称で百貨店やドラッグストア、生活用品店、テレビなどで全国展開し関係各方面から

図２　MRSAの生残菌数の変化

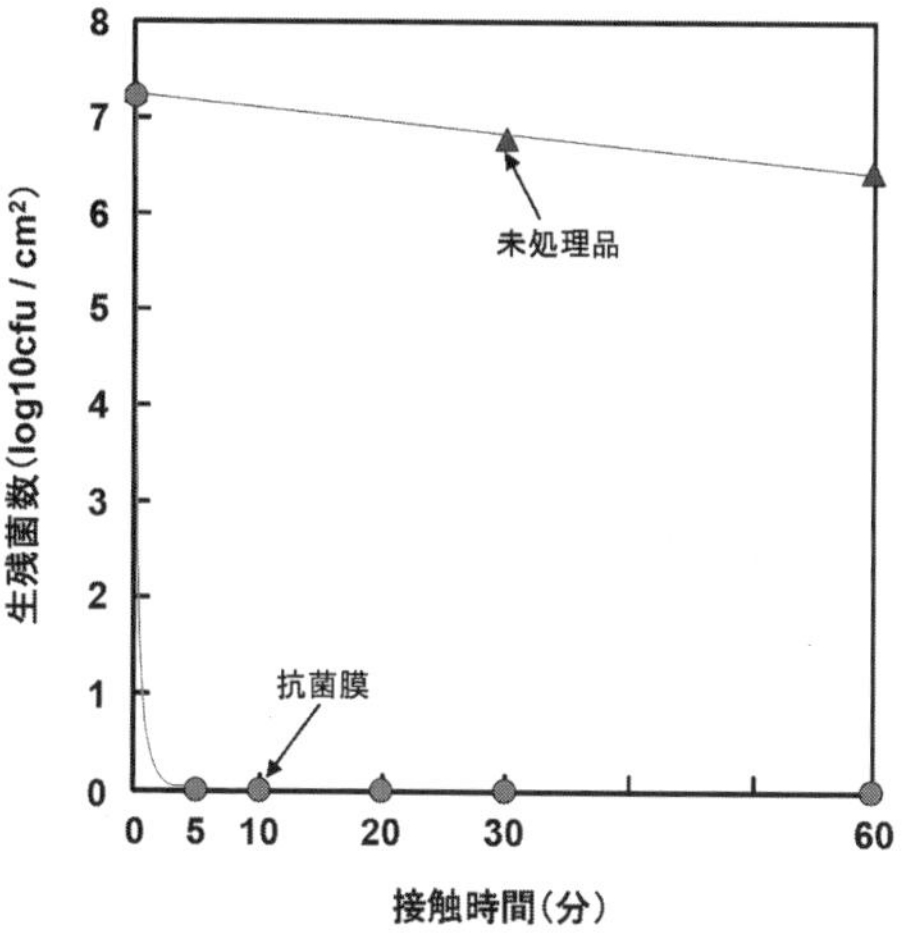

図３　インフルエンザウイルスの感染価の変化

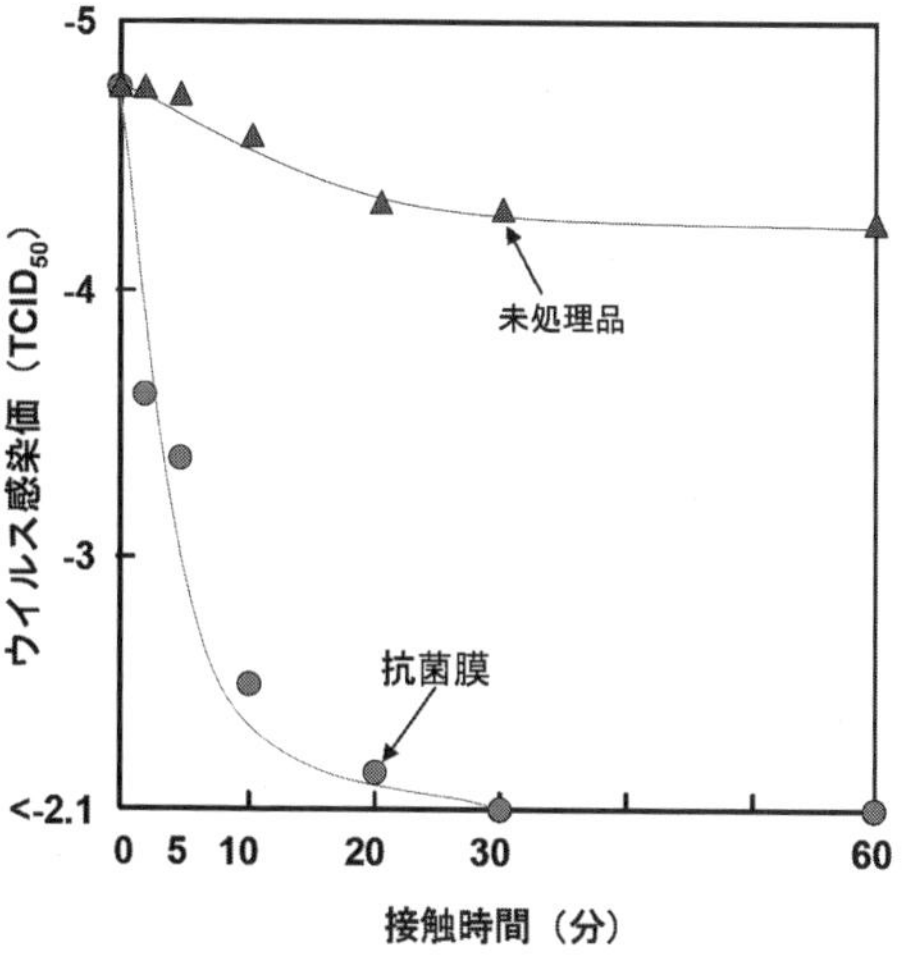

写真6　グラフト重合法で合成した殺菌フィルタ

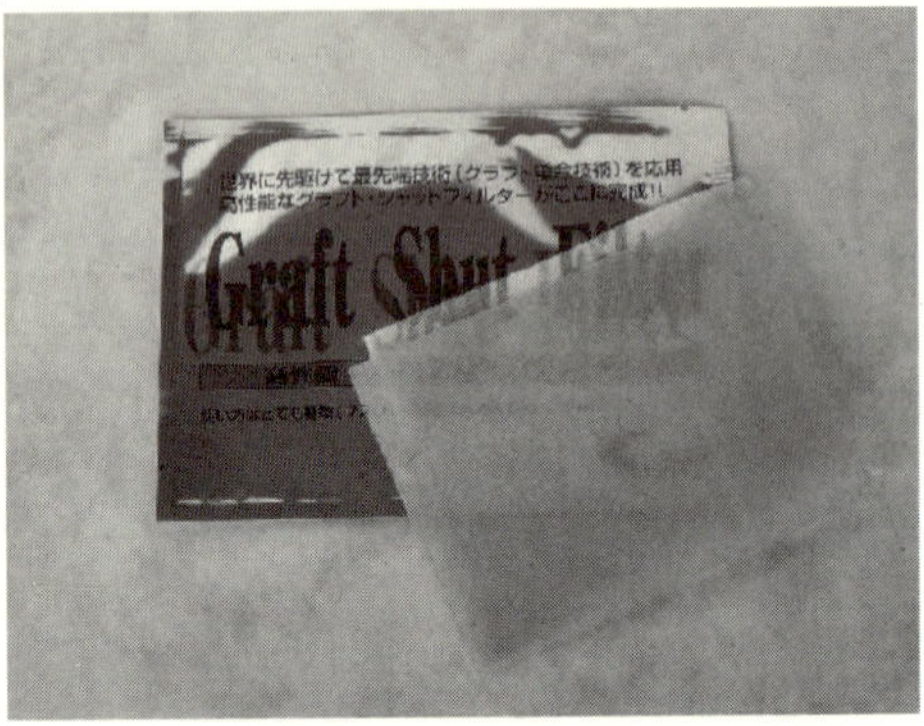

写真7　グラフト重合フィルタを組み込んだ製品の一例

高い評価を得た。

写真6はグラフト重合法で合成した殺菌フィルタ（ポビドンヨード膜）をマスク補助材としてアルミパックした状態を示す。写真7はグラフト重合フィルタとマスクを組み合わせた風邪対策製品の一例を示す。マスクとフィルタの組み合わせ製品として全国展開を進めた結果、年間に一六〇万枚を売り上げるヒット商品となり、第一七回中小企業優秀新技術・新製品賞の優秀賞を受賞するに至り、放射線グラフト重合技術が生活

用品として社会的に認知されるようになった。

グラフト重合フィルタに大気を流通させた結果、二ppb以上のヨウ素が二カ月以上安定に長期間放出されることが認められた。この出口空気に抗生剤に耐性を持つ院内感染菌として大きな社会問題になっている変性ブドウ球菌（ＭＲＳＡ）やセラチア菌を接触させた結果、優れた殺菌効果を発揮することが医学系大学の研究機関で確認され、医療施設の感染症予防対策製品として実用化された。

5　公共施設の環境保全対策

全国の自治体では廃棄物や生ゴミ処理などの環境保全対策が大きな課題になっている。特に、一般家庭から排出される生ゴミは栄養価が高く水分が多いため腐敗に伴う臭気対策が大きな問題であった。家庭から排出される生ゴミは水分と塩分が多く含まれるため焼却処分の工程でダイオキシンの発生が環境汚染の現況となっている。近年では、廃棄物の資源利用を目的とした生ゴミ発電（ＲＤＦ）を推進する自治体が増加している。生ゴミ発電ではゴミの乾燥・燃料化工程で食品の腐敗臭と分解臭が厳しく、効率的な対策がないため地域住民の反対運動にまで発

写真８　グラフト重合消臭剤を利用した環境対策事例

（プラットホーム）

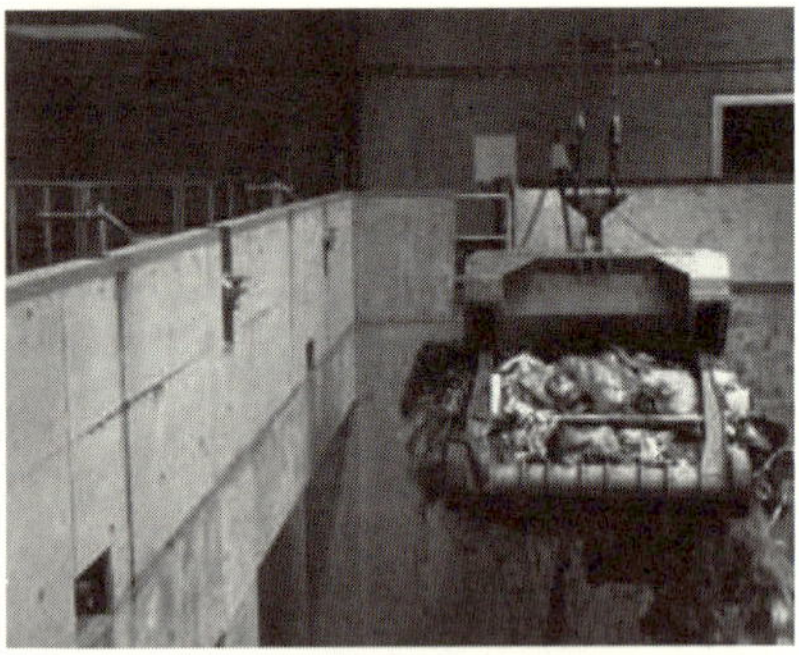

（ゴミピット）

展し、深刻な社会問題となっている。放射線グラフト重合法を応用して合成した消臭剤は従来技術と異なり、腐敗臭や分解臭を化学的に無害無臭化するため、生ゴミ発電施設の悪臭対策に有効であることが試験の結果確認された。写真８は一般家庭から排出される生ゴミを発電用燃料に処理する最新鋭の公共施設（福岡県耳納クリーンステーション）である。写真左は施設内の生ゴミ搬入ステーションで右は生ゴミピット内部である。本施設では放射線グラフト重合法で合成した高性能の消臭剤をエアロゾルとして室内に充満させる設備が各部屋の天井に設置され、臭気状態に応じて間欠的に作動するようにプログラムされている。この施設では生ゴミ貯蔵ピットを直接覗いても悪臭はほとんど感じられないため効率的な消臭技術として高く評価されている。この消臭装置の稼動により、既設のガス燃焼法による消臭装置が不要になり、燃料代が年間二〇〇〇万円以上節約されるとともに、炭酸ガス発生量の抑制に寄与することができた。本技術は効率的な環境保全対策として公共事業体からの視察者が多く、全国のモデルケースとなっており、各地で採用されるようになった。

おわりに

放射線は直接目に見えないことや、五感に感じないことなどから、永い間、怖がられたり敬遠されてきた。しかし、ガンマ線やX線、電子線の優れた機能を上手に使い、放射線グラフト重合技術を応用して、既存の素材の特性を生かしながら、全く新しい優れ者に変身させることができた。現在では、腕時計用長寿命電池や空気清浄器など、身の回りの生活に役立つ製品が企業化され、一般社会で使われるようになった。今後はさらに技術を発展させて、老人福祉などの身近な製品のほか、地球環境からエネルギー問題に至るまで、日常生活に役立つ幅広い活用を目指した研究を進め、放射線が工業化の道具として広く利用されることを願っている。

3 地域の生活ニーズに応える「最適物流」への挑戦

武井　宏

はじめに

当社は群馬県安中市に所在する物流会社で、企業名はボルテックスセイグンという。父が昭和二六年に創業し、私は二代目に当たる。したがって、当社は今年で満五五歳になる。

昔の運送屋は少々荒っぽい人が多くて、子供の頃には絶対なりたくないと思っていたのであるが、会社が社会に対して担う役割とは何かと考えた時に、私は直感的に〝運送業は産業の血流だ〟と思ったのである。運送業は、人間の体の血流のように絶対不可欠であると自分なりに思い、昭和四二年に入社した。

創業時の運送業は、生活物資の輸送業務が中心で、それが経済の成長とともに変わっていく。戦後の高度成長期は生コン車を導入して対応に追われた。

そういう時代の壁を認識しながら、その都度決断してきた。たとえば、最近の事例だが、地域の路線バスがなくなることを知った。これは地域の生活者からすると、大変困った問題である。当社は、それに代わるバスを行政と協力しながら運行することにした。地域に存在する企業としては、地域とは切っても切り離せない存在であると考えたからである。

表1　ボルテックスセイグンの主な沿革

年　月	事　項
昭和26年6月	西群運送株式会社設立
昭和47年9月	自家整備事業認可
昭和51年8月	産業廃棄物収集運搬業認可
昭和52年	コンピュータ導入
平成3年1月	CI開発着手
平成4年2月	社名変更　西群運送㈱→㈱ボルテックスセイグン
平成7年3月	危険予知トレーニングKYT第1回発表会
9月	本社配送センター保税蔵置場認可取得
平成11年3月	国際品質規格ISO9002認証取得
平成12年3月	本社事務所新社屋完成
6月	通関業許可
平成13年7月	創立50周年
平成15年9月	トヨタ生産方式導入

さて、もう一度前の話に戻そう。もう三六年も前になるが、私は工業系の大学を卒業したのだが、その時の卒論のテーマは「コンピュータのプログラム」であった。当時は、まだタイガー計算機がもっぱら活躍している時代である。しかし、遠からずコンピュータ時代が来るものと確信していた。しばらくして、オフコン、そしてパソコンの時代がやってきた。新物好きも働いて、当社は早くからコンピュータを導入した。

現在ボルテックスグループは合計一〇社から成り、約六〇〇名の社員が働いている。もうこうなると、一人ひとりの管理はできない。しかし、現場にいる一人ひとりが安全に今日一日を過ごして欲しいという気持ちは人一倍強く、それが「安全第一主義（ゼロ災）」という信念につながっている。

つくづく「人」は会社の財産だと思う。であるから、機械ができることはコンピュータ化を進めている。昨今のコンプライアンス経営をみても、中心は人間の営みについてのルールである。いくらルールの遵守だといっても、ルールの根底に「安全」「安心」「安定」の思想がなければ、それは成り立たない。価値観は時代によって変わるが、変わってならないものもある。経営は人間を根底に置いて経済を動かすということである。そのことを常に肝に銘じて経営を行っている。

表2　ボルテックスグループ社員数（H18年現在）

会社名	社員数	車両台数
株式会社ボルテックスセイグン	327	264
株式会社ボルテックスジョウソー	23	41
株式会社ボルテックスセイワ	11	—
株式会社ボルテックスピース	2	—
株式会社ボルテックスアーク	25	13
株式会社ボルテックスサポート	62	1
株式会社ヒューマンサポート	47	—
有限会社アークタクシー	23	17
三栄運輸株式会社	17	18
三栄商管株式会社	13	—
グループ合計	550	354

1　会社の概要

経済は人間のために、人間が行う行為である。そこで、最近トヨタから無駄はぶきのコンサルタントを招聘した。そのプロセスで無駄捜し探検隊も作った。このことの是非についてご託宣を述べる前に、まずやってみる。やっていく過程で、なぜ出来ないのかを考える。そうすると徐々に道が開けてくるものだ。

基本は人づくりとし、その人が感じたことを可能な限り大事にすることである。ビジネスの世界では、答えは一つではなくいくつもあることを念頭において経営に当たっている。そうすると結果は自ずと出てくる。

たとえば、後述する安全管理活動であるKY活動は一〇年やってきた。やらないよりやった方が良かったと思う。なぜ、やったのか？　それは安全と信頼を得るサービスとはどういうものかを全社員が考え、自覚するチャンスと考えたからである。

表3　ボルテックスセイグン　営業所一覧

	開設年月	住　所
本社物流センター	昭和59年4月	群馬県安中市原市
直江津営業所	昭和53年1月	新潟県上越市福橋
千葉営業所	昭和56年9月	千葉県市原市五井
白河営業所	昭和60年5月	福島県白河市白坂
郡山出張所	平成3年12月	福島県郡山市田村
東京事務所	平成5年1月	東京都台東区上野
人見物流センター	平成9年5月	群馬県安中市中野谷
上越物流センター	平成10年3月	新潟県中頸城郡頸城村
横野平物流センター	平成17年11月	群馬県安中市中野谷

ボルテックスセイグンの営業所は現在九カ所。直江津および、人見物流センターは危険物倉庫である。運輸部門の輸送品は化学工業品・薬品・高圧ガスなどの危険物輸送である。だから、危険物取扱者の資格取得者が要請される。倉庫部門では低温危険物や冷蔵倉庫などがある。包装部門は海外に出荷するので、通関士の資格を持っている

者がこれにあたる。国際物流部門では一日に輸入コンテナおよび輸出コンテナの取り扱いの出荷数は二〇本である。この内陸の群馬で、通関業の許可を得ているのは当社を含めて三カ所しかない。西毛では当社だけである。

創立四〇周年（平成三年）と平成一一年に荷主に顧客満足度調査を実施した。そこから、一〇年先のボルテックスセイグン行動指針を打ち出した。それが「安全第一主義」「提案と実践」「ゼロ災の実現」の三つである。その四〇周年の時に旧社名「西群運送」から「ボルテックスセイグン」に改名した。「ボルテックス」とは「渦巻き」の意味で、エンドレスの状態・動きをイメージできるものに、ロゴマークは図1のように情熱を意味する赤、誠実を意味する紺で表した。いわゆるＣＩの導入である。

図１　ボルテックスマークの意味

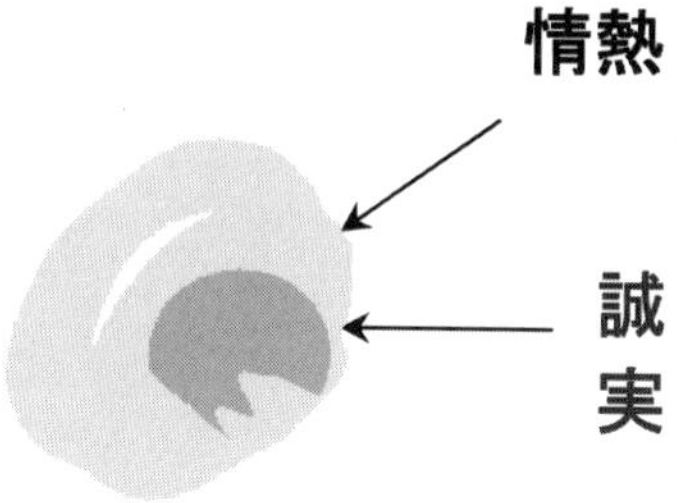

2　物流システムとその発展

この物流という言葉は「物的流通（Physical Distribution）」の略語であり、有形財の供給者から需要者に至る空間的・時間的へだたりを克服する物理的な経済活動であると説明される。具体的には、輸送・保管・荷役・包装・流通加工・情報管理という諸活動の有機的な構成から成り立っている。

現在の市場の状況は、供給者と需要者の間にあった卸売り・問屋業が衰退している。中間での問屋機能が徐々になくなりつつある。たとえば、サンウエーブという会社の受発注システムをみると、オーダーから八日間で納品である。キッチンやバスユニットが工場から出荷され、輸送業者が現地で設置してしまうという具合である。

輸送は空間的「へだたり」を克服する機能で、経済活動の動脈としての役割がある。機能としては、トラック・鉄道・海運・航空の四つの輸送機関があるが、トラック輸送の特徴としては、比較的、少量・近距離輸送に適しているということと、出荷場所から配送先まで、積替えなしに素早く運べることが特徴として上げられる。

一方鉄道輸送の特徴は三つある。まず一つ目は大量の貨物を一度に運べるということであり、二つ目は混雑のないレールの上を走るので、到着時間が正確であるということ。三つ目は二酸化炭素の排出量が少なく、環境にやさしいということである。

また、海上輸送の特徴としては、一度に大量の貨物を遠くまで運べるということが挙げられる。一人当たりの年間輸送量をトラックと比較してみると、一四倍にもなる。もう一つの特徴

図２　物流の概念図

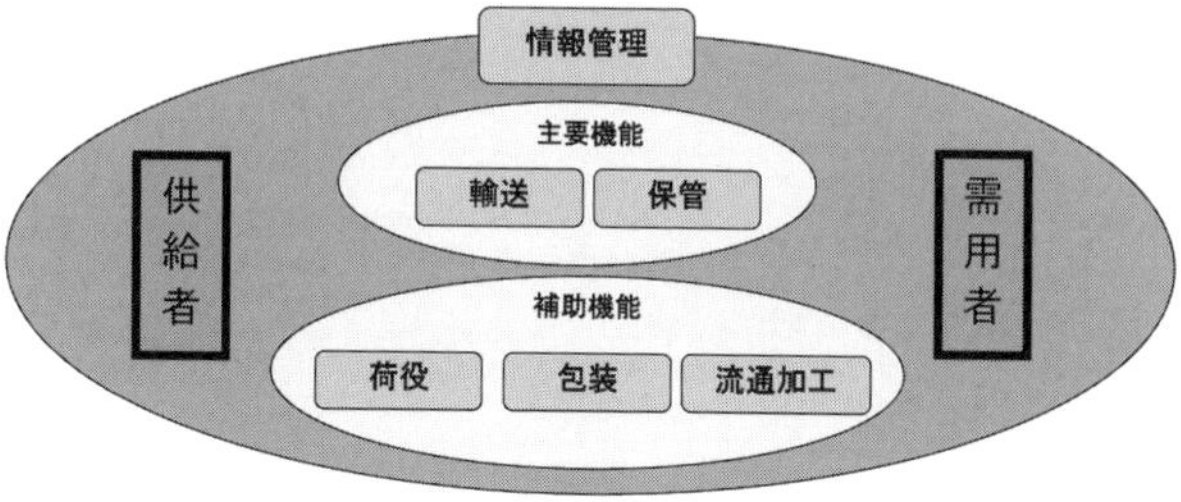

は国内の臨海工業地帯と消費地を結び、主に石油製品やセメント、化学製品、プラントといった産業に必要な貨物を主に運搬していることである。

最後に、航空輸送の特徴であるが、早く、確実に運ぶことが可能なため、緊急貨物の輸送に便利だといえる。生鮮食品など、鮮度を要求されるものや、小型で高価な商品の輸送に適している。

いま、モーダルシフト化といって、これらの物流機能を最適に組み合わせ、いかにムダをなくすかという物流の国家プロジェクトが動いている。

もう一つの機能が保管である。保管は時間的「へだたり」を克服する機能である。イメージで表すと物資のダムだということができる。新潟地震でもプレハブがすぐ建てられるのは保管してあったからである。

倉庫の果たす機能としては、四つ挙げられる。まず一つ目は、需給調整機能である。この機能が重視される用途としては農水産物の保管や、一度に大量に輸入される原材料、季節性冷暖房器具の保管などが挙げられる。二つ目は輸送調整機能である。船からトラックへ積替えや、輸送結節点での貨物保管をする際にこの機能が求められる。三つ目は信用付与機能が挙げられ、倉庫を保持することによって倉庫証券を担保に金融的措置を講じることができる。最後に物流拠点機能が挙げられる。拠点になる倉庫には流通加工や配送業務が可能であることが要件として求められている。

また、ここで、経営形態別の倉庫の種類について、述べておきたい。まず、一つ目は、保管することで保管料や荷役料を収受することができる営業倉庫が挙げられる。これには、倉庫業法に基づく営業許可が必要である。二つ目は、メーカーや卸売業、スーパー等が敷地内で自己の物品を保管するという自家用倉庫である。三つ目は農協などのような加盟組合員の共同利用を目的に作られた、農業・協働組合倉庫である。最後に、上屋・保管庫である。上屋とは船の荷揚げ・荷積み施設を表し、通関機能は保税上屋ということができる。

荷役とは輸送の両端や保管施設における貨物の物理的な取り扱いを行う機能である。ターミナル施設では、トラックや船への積み下ろし作業や仕分け作業が行われる。特に積み下ろし作業については、昔はすべて手作業でやっていたが、現在はクレーンで行っている。

包装とは商品を一定の単位に取りまとめ、輸送・保管・荷役を効率的に運用させるとともに、商品の安全を確保する機能である。ベルトコンベアや自動仕分機、ロボットの利用により、物流包装の機械化を実現している。包装はさまざまな種類があるが、その特徴をみると、国内向けは軽微な包装でコストを低く押さえることができる。海外向けパレット（荷物運搬台）は、運ぶ国によりその材質の要求が違っている。顧客に合わせて長距離・長時間・気象条件を考慮した堅牢な包装が必要になる。

流通加工は、物流の分野に進入した穴あけ、折り曲げ、組立などのような軽微な生産活動や、荷札付けやラベル貼り、検品などの流通の円滑化をはかるための補助機能である。

情報管理は、現代の消費者主流の時代に求められる物流をシステム化するのに一番大切なシステムである。情報は輸送・保管・荷役・包装・流通加工など、すべての基本機能の有機的結合をはかる機能であり、物流をシステム化するための中心的機能だといえる。

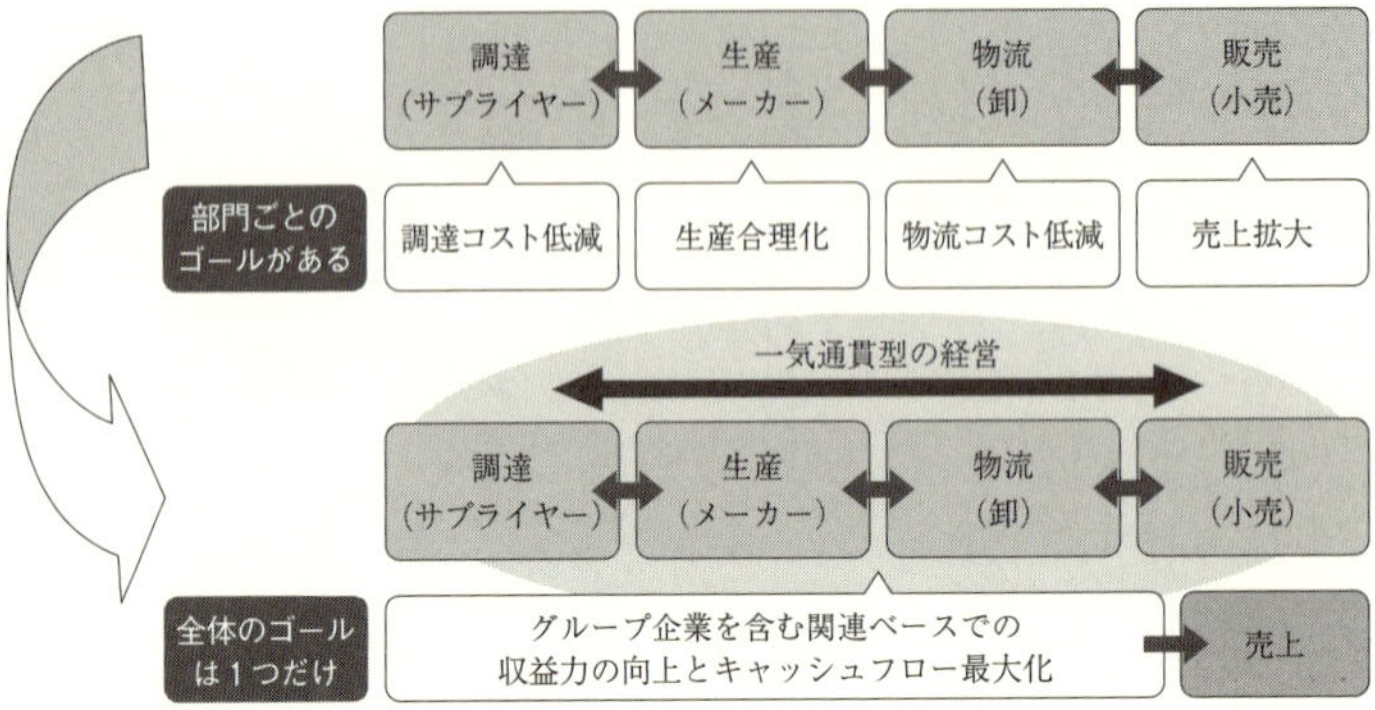

物の動きはリアルタイム処理で、インターネット対応を要求されてきている。いまや、情報なくして物流は成り立たないのである。

物流の発展型として、ロジスティックス・３ＰＬ・ＳＣＭがある。ロジスティックス（logistics）の語源はフランス語で〝野営〟という意味である。ロジスティックスとは、顧客のニーズを原点に据え、必要なものを、必要な時に、必要な場所へ、必要な量だけ、必要な状態で、しかもできるだけ少ない費用で供給する取り組みのことを言う。

３ＰＬ（3rd Party logistics）とは、荷主主導でも物流業者主導でもない「第三者」が主導でロジスティックス業務を行うことである。当社はそのために、ＩＳＯ９００２を平成一一年に取得した。これは群馬県でも早かった方だと思う。

ＳＣＭ（Supply Chain Management）とは、資材の調達から生産、物流、販売といった製品の流れとそれに伴う情報の流れを一元管理し、末端の消費者まで製品が届くまでの全プロセスを最適化することである。

こうした物流業の発展は、一言でいえば、「総合物流」の実現の歴史であるといえよう。

3 最適物流の実現を目指して

こうした総合物流の実現だけでは、これからの少子高齢化時代には不十分ではないか。少子高齢化社会になると、交通弱者の移動サービスが不可欠になる。物流業者だからといってこうした弱者の移動サービスはやるべきではないと考えるのは形式主義的すぎる。モノが移動すれば必ずヒトも移動する。逆も同様である。地域の生活者の視点に立って物の流通を考えるならば、形式主義にとらわれる必要はない。

地域の生活者（企業を含む）のニーズにタイムリーに応える物流を「最適物流」と名づけ、その実現に向けて最大の努力をすることを当社では目指すべきであると考えている。

(1) 安全活動と人材の育成

当社では、防犯セキュリティーとして、安心してお客様に荷物を預けてもらえるよう、地元警備会社と提携している。お客様の安心を考えて二四時間管理体制を行っている。

具体的な行動として、場内安全巡視は労災の危険要因の早期発見もあるが、社員の意識を高めるためにやっている。運行前の実施項目は、車両の安全点検（写真1）。「スタート前に一回り確認ヨシ！」のステッカーを車ドアに貼付している。運行前に実施項目を上げ、対面点呼でチェック（写真2）を行っている。また、社員の健康管理をするためには、主治医や警察とも話し合い、運行前に血圧測定（写真3）をすることにした。そのためには社員の協力と仕組みが必要である。

また、安全衛生委員会を月に一回行い、従業員の健康・労働安全・交通安全など、快適な職場環境づくりについて社員と話し合っている。これは事前に事故を防ぐことになる。さらに、無事故の社員は無事故表彰をしている。一カ月に一万㎞走行している人たちだから、一年無事故というのは大変なことである。一年が続けば三年さらに七年となる。毎年三月に無事故災害大会を行い、社員の意識を喚起している。

写真１　安全点検

写真２　対面点呼

写真３　血圧測定

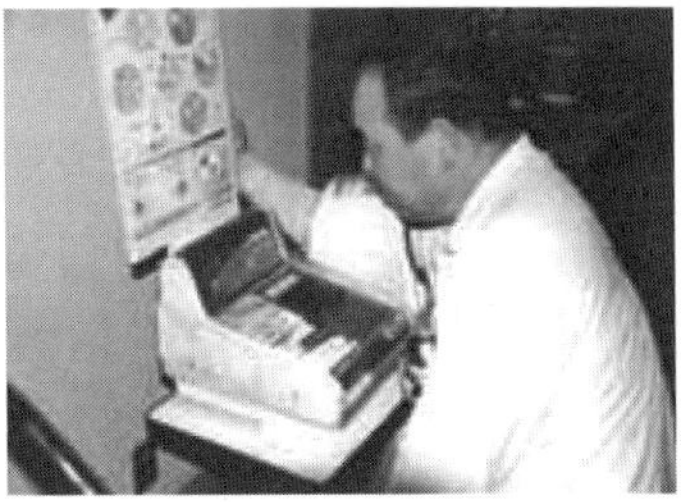

写真４　労働安全委員会

社員・お客様の双方を大切にするという心構えから、絶対に起こしてはならないのだが事故の対処として、防災訓練も年一回行っている。プロであるから事故は絶対に起こさないことが重要である。ボルテックスセイグンでは夜間や雨天での事故を起こさない・起こされないことを目標として、車両のカラーについてはトラックを明るい白や明るいシルバーにしており、またバスは黄色を使っている。黒・濃紺・赤などの車体の色では、暗いと歩行者に気づいてもらえないからである。

写真5　無事故無災害大会

写真6　KY活動

(2)　安全第一主義とＫＹ活動

平成七年から、事故を未然に防ぐために危険予知訓練（ＫＹＴ）活動を行っている。

危険予知トレーニングとは、危険のＫ、予知のＹと、それぞれ頭文字を取り、これに訓練（トレーニング）のＴを加えた略語である。

ＫＹ活動は、製造業や建設業においては、早くから採用され、ＱＣサークルと併用して活用されてきた、実効性の高い実践的な安全プログラムである。これを、安全管理の体験学習と位置づけて、職場の安全管理活動として幅広く実施している。

このＫＹ活動は、

①現状把握（どんな危険がひそんでいるか）

②本質追求（これが危険のポイントだ）

③対策樹立（あなたならどうする）

④目標設定（私たちはこうする）

という四つのラウンドで進める問題解決法である。作業に潜む危険について話し合い、安全対策をメンバーが一緒になって考えるものである。

このように当社では自社で発生した事故災害やヒヤリハットなど、自分たちで味わった実体験をもとにした事例の話し合いを毎週実施している。対策樹立、目標設定によって類似事故を撲滅する。先手先行管理によって事故災害を予防する。これをＫＹ活動の目標としている。

また、各週末に行われた各サークルのＫＹ活動のまとめとして、年に一回、ＫＹ発表大会を行っており、本年で一二回目になる。発表後には、コンサルタントよりコメントをいただき、その後、優秀チームには記念品を贈呈している。

また、デジタル・タコメーターの導入も平成一二年に行った。デジタル・タコグラフで運行管理を行い、安全運転ランキングを出す。データ情報を集計したもので、ＣランクのＢランクへ、Ｂランクの者はＡランクになり、いまではほとんどの者がＡランク（九〇点以上）になっている。また、交通安全週間には街頭指導を積極的に行うことにより、事故が軽微になり、空吹かしをしないなど燃料の削減にも繋がった。環境美化運動では、「ゴミを捨てない運動」

写真 7　KYT 発表会

写真 8　デジタルタコメーター

写真 9　安全運転ランキング

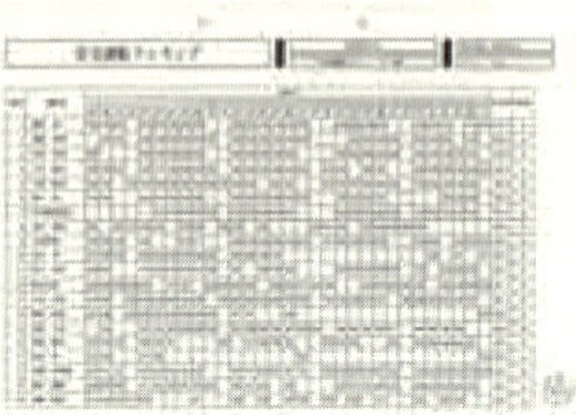

としてゴミ拾いを行っている。

その他、交通安全標語を社員や家族から募集し、毎日一年間会社で唱和している。家族の協力が何よりも大切で、家族に意識を持ってもらうためである。さらにその標語をカレンダーに載せ、家庭に持って帰ってもらい、安全に対する意識を喚起させている。トラブルを起こした社員に対しては、下仁田にある禅寺の黒滝山で一泊二日の座禅修行の実施や、メンタルケア等を通じて何かを気づいてもらうようにしている。必要に応じて職場を変更することもある。

また、地域貢献活動として、平成三年から少年サッカー大会を実施している。Jリーグがで

写真10　ボルテックスカレンダー

写真11　黒滝山研修

きる前から始めたことである（残念ながら、まだ、Ｊリーガーは出ていないようだが……）。

私の信条は「観る（みる）」「聴く（きく）」「験す（ためす）」である。これを事業づくりの根幹に据えている。私は、新たに事業を起こすときも、あるいはプロジェクトチームを立ち上げる時も、まずは、「やらせて（験す）」みることから始めている。体験主義といってもいいだろう。そういうプロセスから、社長やリーダーを育ててきた。またやらせてみれば結構できるものだという実感も持っている。

さて、平成三年（創立四〇周年）に行ったＣＩ開発について説明しよう。このときもＣＩプロジェクトを編成して着手したのだが、その時、われわれの行動目的を明確にしようということで、一〇年間のビジョンを作成した。社是は「和信一致」である。企業理念は「顧客の満足と信頼の獲得に努める」「社員個々の人間性を尊重した社風を確立する」「業界のリーダーとして調和の取れた社会の発展に貢献する」とした。

そして、一〇年経過した。事業内容は、運送から倉庫、車輛関連から整備業、輸送から観光、タクシー業へ、そして国際物流の通関業まで事業の環を広げた。そういう意味で事業の「総合性」はある程度達成できたと言えよう。

しかし、環境は大きく変わる。特段の式典は行わなかったが、五〇周年を迎えた時に、これからの一〇年を見据えるために、再度行った「お客様インタビュー」の結果から、「総合物流から最適物流へ」という新たな企業使命をつくり上げた。前述したように、私たちは物流を、産業の「血流」であると考えている。血液の流れは健康の源であり、その健康を維持するためには新鮮な血液が循環することであり、そのためには、身体を鍛え、変化に対応するために五感を働かせ、研鑽（教育・進化）を怠らないことが重要である。

私たちは時代の要求に的確に対応するために、蓄積したノウハウと新しい物流技術と物流情報システムとを駆使して、効率と品質と環境とを追求し、グローバルな視点に立って最適物流の実現をはかり、顧客と地域社会に貢献するということであると結論づけた。

おわりに

企業変革は月並みな言い方かもしれないが、やはり「環境適応」である。最初の事業ループは「関連」で展開したが、次のループは培った「ソフト」による展開であると考えている。その事業化のトリガーは規制緩和とか強化であろう。規制緩和とか強化によって、むしろその時の必要なものが見えてくる。業界において必要なもの、地域において必要なものが見えてくるはずだ。そうしたものは積極的に手がけていかなければならないと考えている。たとえば、環境事業で再生バッテリー事業を検討しているが、これは従来の充電方式とは異なる決定的なパワーと持続性を誇れるものだ。これを事業化するには技術面の知識は言うに及ばず、マーケティング面の知識も必要となる。こうした時に個別企業の努力だけでは行き詰るかもしれない。そこに正に産学共同が期待されるところでもある。

さて、当社の経営理念は、「和信一致」である。全社員が心を合わせ一丸となって事にあたる。そのためには「健体康心（健康な体に健康な心が宿るということ）」と「健心道（常に体の鍛錬し心を磨き、仕事に自信をもつこと）」が大事である。これは先代からの教えでもある。

この三つを人づくりの根本理念として、次の一〇年を見据えている。そのための行動原則が下記の七項目である。

1　われわれは「安全第一主義」に基づき、交通災害と労働災害を撲滅し、ゼロ災職場を実現する。
2　われわれは、破損・誤配・誤出荷をなくし、プロセスの改善に努めて高品質を実現する。
3　われわれは、ムダを徹底して排除し、ローコスト・オペレーションを実現する。
4　われわれは、顧客に出向き、日々情報を感知し、衆知を集めて企画し、スピーディに提案する。
5　われわれは、業界を取り巻く動向を敏感に察知し、いち早く対応する。
6　われわれは、地球環境を配慮し、ゼロエミッションを実現する。
7　われわれは、一人ひとりが具体的な目標を掲げ、実践を通じて成果を上げ、自らの成長をはかる。

もう一度、冒頭の話に戻そう。われわれの目標は「ゼロ災」の実現である。「人」は家庭や職場では、かけがいのない存在である。だから、従業員満足とお客様満足の両立を目指した経営、地域と生活者に向き合う経営の実現を目指して今後とも努力する所存である。それが「最適物流」の中身であると思う。

4 健康の宅配サービス革命——リージョナル企業の経営革新——

本田 博己

はじめに

一九八一年以来の、ジャック・ウェルチによるGEのアニュアルリポート（株主への手紙）を通読すると、ウェルチ経営の二一年間は、GEを世界で最も競争力のある卓越した企業にするための「大企業病」との闘いの歴史であることがよくわかる。官僚主義を排し、部門や地域の偏狭主義を否定して境界のない行動を推進するウェルチが繰り返し、そして強く求めたのが「小企業の精神」である。

「小企業のようにシンプルで、フットワークが軽く、敏速な組織に育てたい」（一九九八年）とウェルチは憧れを込めて語っている。しかし、ウェルチが憧れる小企業のイメージは、現実の多くの中小企業の実態とは大きくかけ離れている。未熟なまま消えていった無数のベンチャー企業がある一方、歴史のある多くの中小企業では、ウェルチが一番嫌った官僚主義や組織縦割りの弊害に悩んでいる。経営層の危機感は乏しく事業意欲や変革への意志も強くは見られない。

「大企業病」と同様に「小企業病」もあると言えるが、規模の大小にかかわらず、一定の歴史を経た企業・組織は、そのままでは例外なく機能が硬直化し、ビジネスの仕組みは陳腐化する。私はこれを「企業の生活習慣病」と呼んでいるが、そうした病に陥った企業の経営革新は、経営者自らが自身も含めて自社の現状・状況を正確に把握し、そこから脱する意志・意欲を強く持つことからしか始まらないと考える。

ウェルチは一九九九年度のリポートで「大企業が陥りやすい柔軟性の欠如を補うために、われわれは二〇年間にわたって小企業の精神を吹き込み続けてきた」と振り返り、最後の年二〇〇〇年度の総括では、時価総額世界一、二位を争う巨大な超成熟企業ともいうべきGEを「成長企業」であると強調している。

ウェルチが「小企業の精神」という言い方で託したのは、実は成長企業に必須の、成長企業を突き動かすエネルギーとなる精神ではなかったかと思われる。

停滞している中小企業が目覚め、新たな成長曲線を強く求め、それを目指し、真の成長企業の道を歩み始めようとする、ささやかな事例として、群馬ヤクルト販売における経営革新の取り組みをご紹介する。

1 ヤクルト・グループの企業理念

ヤクルトは、いまから七一年前の昭和一〇（一九三五）年、ヤクルトの創業者代田稔博士が福岡市で製造・販売を開始したのがはじまりである。

代田博士は、京都帝国大学で人腸乳酸菌の研究を進め、生きたまま腸までとどく乳酸菌（ラクトバチルス・カゼイ・シロタ株）の強化培養に成功した（昭和五年）。昭和初期、日本では食糧不足による慢性の栄養失調や赤痢などの腸管感染症で多くの人命が失われていた。代田博士は、自分が強化培養したL・C・シロタ株が、それらの疾患に有効であることを確信し、「ひとりでも多くの人に健康になってもらいたい」という強い願いを実現するために、高価な医薬品ではなく食品（飲料）の形で人々に提供することを考えた。これがヤクルトのはじまり・原点である。

代田博士の考え方は、以下の三つに要約される。ヤクルト・グループではこれを代田イズムと呼び、いまでもヤクルトの「憲法」、最も基本的な価値観として大切にしている。

〈代田イズム〉

予　防　医　学：病気にかかってから治療するのではなく病気にかからないための「予防医学」が重要である。

健　腸　長　寿：栄養をとるのは腸であるから腸を丈夫にすることが健康で長く生きることにつながる。

良いものを安く：誰もが願う健康を、誰もが手に入れられる価格で、ひとりでも多くの人に提供したい。

「健腸長寿」の理念は、現代では「プロバイオティクス」（腸内の善玉菌のパワーを健康維持・増進のために役立てる）という最新医療の概念としてあらためて脚光を浴びている。

現在、ヤクルト・グループは、国内だけでなく、世界二六の国と地域に広がっている。ヤクルト本社は、グループ共通の企業理念を定めている。

〈ヤクルトの企業理念〉

「私たちは、生命科学の追究を基盤として、世界の人々の健康で楽しい生活づくりに貢献します。」

2 ヤクルトの歩み（ヤクルト・グループの形成と群馬ヤクルト販売の歴史）

	ヤクルト・グループの歩み	群馬ヤクルトの歩み
昭和一〇（一九三五）年	福岡市で、「代田保護菌研究所」のもとにヤクルトの製造・販売を開始。	
昭和三〇（一九五五）年	東京でヤクルト本社（ブランド管理）設立。京都にヤクルト研究所開設。	群馬県内（前橋・高崎・沼田・中之条・木崎）各地にヤクルト営業所が設立されビン詰めおよび販売が始まる。
昭和三三（一九五八）年		群馬県ヤクルト協同組合設立（ビン詰め一括処理工場）。
昭和三八（一九六三）年	ヤクルト独自の婦人販売店制度が導入され、一般家庭を対象に月極契約販売が始まる。	
昭和三九（一九六四）年	台湾ヤクルト営業開始（初の海外進出）。	
昭和四三（一九六八）年	「ヤクルト」がビン容器からプラスチック（ワンウエイ）容器に変わる。	
昭和四四（一九六九）年	ヤクルト本社機構改革、全国に九支店を設置。	

ヤクルトが全国に広がるのは、第二次世界大戦後のことである。群馬県でも、昭和二九年から三〇年頃にかけて、ビン詰め工場を兼ねた営業所（販売会社）が次々と設立された。

同じ頃、全国の有力な販売会社が出資して、ヤクルト・ブランドの品質を管理・保証する機構として「ヤクルト本社」を東京に設立した。京都には、代田博士を中心として「ヤクルト研究所」が開設された。

ヤクルト本社は、のちに全国の工場統合化を進め、メーカーの機能を持つようになった。ヤクルト独自の宅配システムは、昭和三八（一九六三）年に婦人販売店制度が導入されて以降、数度の根本的な改革を繰り返しながら、今日のヤクルト・レディの宅配サービスの形に進化・発展している。

ヤクルトが飛躍的に伸張するきっかけとなったのは、昭和四三年、ビン容器から重量の軽いワンウエイのプラスチック容器に変わったことである。同じ頃日本では、家庭に冷蔵庫が急速に普及しつつあった（昭和三五年頃、普及率一〇％。昭和四四年、二ドア冷蔵庫発売。昭和四六年、普及率九〇％超）。

牛乳販売所（各家庭に牛乳〔ビン〕を毎日配達）の衰退とは逆に、ヤクルトの宅配サービスは、対面販売による定期的なお届けの仕組みを確立し、発展した。

	ヤクルト・グループの歩み	群馬ヤクルトの歩み
昭和四六（一九七一）年		群馬ヤクルト販売株式会社設立。群馬県内各地の営業所が合併。
昭和四八（一九七三）年		大口特需チャネル誕生（現在の直販営業部）。
昭和四九（一九七四）年		化粧品販売事業部を設立。
昭和五〇（一九七五）年		顧客サービス機関として、群馬ヤクルト友の会事業発足（現在の旅行サービス課）。
昭和五四（一九七九）年		化粧品ＹＢ（ヤクルト・ビューティー）システムで、グループ内売上日本一に。
昭和五五（一九八〇）年	ヤクルト本社東証へ株式上場。	
昭和五八（一九八三）年		婦人販売店チャネルに、ニュー・センター・システム（ＮＣＳ）導入開始。センターの新設・増設が推進される。
昭和六一（一九八六）年	ヤクルト本社富士裾野工場完成。	
昭和六二（一九八七）年		ヤクルト・ネットワーク・システム（ＹＮＳ）導入開始。

昭和四六（一九七一）年、群馬県内の五営業所（販売会社）が合併し、群馬ヤクルト販売株式

会社が設立された。昭和四〇年代、全国に約五〇〇社存在した販売会社が約一五〇社に統合された。現在は、一三二の販売会社によるヤクルト・レディの宅配システムが全国に展開している。群馬ヤクルト販売は、群馬県内一四〇万人口のエリア（県内の七〇％）を担当している。グループ内では、比較的大きな販売会社である。

群馬ヤクルト販売設立後、宅配チャネルのほかに、小売店・量販店卸や自動販売機チャネルが加わり、商品も乳製品だけでなく、清涼飲料、健康食品、さらに化粧品まで広がっていった。

昭和五八年、ニュー・センター・システムと呼ばれる、細分化された地区を担当する二〇〜三〇人のヤクルト・レディをセンター・マネージャーが管理するサービス・センターの仕組みが導入され、以後の宅配システムの基本形が確立した。売り上げや顧客データを集中管理するネットワーク・システムも昭和六二年に開始された。

	ヤクルト・グループの歩み	群馬ヤクルトの歩み
平成元（一九八九）年		全センターリニューアル・クリニック開始（〜平成五年）女性マネージャー制度導入。前年対比売上伸長率・グループ全国第一位達成。以後三年連続。

平成二（一九九〇）年		物流センターを新設（ジュース・清涼飲料の安定供給）。
平成六（一九九四）年	オーストラリアヤクルト、オランダヤクルトが営業開始。	旅行事業マル得クーポン・サービス開発。
平成七（一九九五）年		倉賀野・笠懸センター新設、従来の機能に直販ルートの拠点も合体。
平成一〇（一九九八）年	「ヤクルト」特定保健用食品の表示許可取得。	一九九七～九九年、全部門でＱＣチーム活動展開。
平成一一（一九九九）年	「ヤクルト４００」発売。	
平成一三（二〇〇一）年		新規事業テストマーケティング。新ネットワーク・システムＹＮＳ21導入。ビジョン・プロジェクトによる将来像づくり。
平成一五（二〇〇三）年	キリンビバレッジ㈱との自動販売機における販売提携。	
平成一六（二〇〇四）年	グループダノンと戦略提携。	ＩＳＯ９００１・二〇〇〇年版認証取得。
平成一七（二〇〇五）年		ＩＳＯ１４０００認証取得。
平成一八（二〇〇六）年	ヤクルト本社工場再編計画（二〇一三年までに一九↓一一工場へ）。	プライバシーマーク認証取得（予定）。

平成元年以降、NCSの改良が繰り返された。商品の量的拡大に対応するため、物流やデータ管理もシステム化を進めた。

平成一〇年、「ヤクルト」が厚生省（当時）許可の「特定保健用食品」となり、効果の表示を謳えるようになった。以後、ヤクルトの乳製品はすべて「特保」表示許可を取得している。

平成一一年、高機能の健康飲料である「ヤクルト」の最高機能商品として「ヤクルト400」（一本にL・C・シロタ株が四〇〇億個以上）が新発売された。

現在、群馬ヤクルトでは、この「ヤクルト400」を、お客様に最もヤクルトの価値を伝えることができる中心的戦略商品と位置づけ、ヤクルトの価値普及の仕組みとしての宅配システムの大幅な改革と経営革新を進めている。

3　現状認識

私が群馬ヤクルト販売の取締役に就任した平成五年頃の会社は、成長期を過ぎ成熟期を迎えているような印象であった。売上規模は、設立時（昭和四六年）の二倍以上になっていたが売上も高原状態になりつつあった。会社設立して二〇年以上を経て、組織の硬直化や販売の仕組みの陳腐化が現れていた。組織風土は落ち着いており、穏やかな社風ではあったが、逆に、進取の気象やチャレンジ精神には乏しかった。明らかに「企業の生活習慣病」に罹っており、会社全体が小さく「成熟」しているようであった。

競争相手のいない独自の宅配システムを持っているためか、市場や競合に対する意識も薄かった。ヤクルト・グループのことを、「業界」と呼び、「業界内」のランク（業績）が最大の関心事のようであった。また、マーケティングは、メーカーであるヤクルト本社の商品施策に頼り、商品（サービス）企画の発想が乏しかった。

ことに残念だったのは、ヤクルトの価値に対する誇り、すなわち、お客様の健康に寄与する、という創業の精神を忘れかけている社員が見受けられたことであった。単なる商品を扱っている専門商社・食品卸といった意識であろうか。

このままでは、市場や顧客の変化に対応できず、会社は小さな成熟から衰退に向かうであろう、という強い危機感を持たざるを得なかった。

私の経営者としての使命は、会社が小さな成熟から衰退へと向かう道を脱して、新たな成長企業として生まれ変わらせることであると、思い定めた。

4　群馬ヤクルトのビジョンづくり

私が経営者として、まず取り組んだのは、社員の意識改革と、会社の方向性とあるべき姿、すなわちビジョンを定めることであった。

平成六年から一〇年にかけて、毎年階層別（幹部・中堅・若手）に、社内研修を実施した。それらの一連の研修では、当社を取り巻く環境認識、会社の事業ドメイン、将来ビジョン、求める人材像等についての理解を促し、各人の課題を自覚させようとした。

特に、幹部研修では、「ビジョンの共有」とか「ビジョン・リーダーをめざそう」というテーマで、新しいビジョンの必要性を訴えた。

私は、ミッションやビジョンやバリューといったその企業固有の理念を重視し、それに基づきそれを推進力とする経営を「**ビジョン経営**」と呼び、そして、会社を再生させる新しいビジョンをつくることを「**ビジョン・イノベーション**」と呼んでいる。私が目指したのは、ビジョン経営であり、そのためには、ビジョン・イノベーションが不可欠であった。

ビジョン・イノベーションによって、新しい会社に生まれ変わり飛躍した例は多い。衛生陶器のメーカーであった伊奈製陶が、「環境美を創造するトータル・サービス業」と事業ドメインを捉え直し、ＩＮＡＸとして新たな展開をはかったのは有名である。近年では、体重計メーカーのタニタが、体重計を「体重を量る器械」ではなく「健康をはかる」器械と捉え直し、体脂肪や筋肉量まで測れる体組成計に進化させた例がある。

私がかつて働いた福武書店は、通信添削や模擬試験を中心とした教育出版社であったが、創立四〇周年の時、ＣＩで事業ドメインのキーワードを〝Benesse〟（よく生きる）と定め、のちに社名も「ベネッセ・コーポレーション」に変更した。事業も、教育の分野から、一人の人間の生涯にわたって「よく生きる」を支援する企業グループとして幅広い事業分野に展開している。

群馬ヤクルトのビジョン・イノベーションは、会社の社会におけるポジションを自覚することから始まった。

一九九四年、幹部向けの社内研修（リーダーシップ開発研修）で、経営に影響を与える、世の中の大きな変化として、以下の四点に注目した。

変化①　人口動態：高齢化　長寿社会／少子化／団塊の世代の動向

変化② **価値観：個人化**　パーソナルな価値／与えられることから選択することへ／快適さ・安心・内面（心）の豊かさ
変化③ **技術革新：情報化**　パーソナルメディア化／ネットワーク
変化④ **境界：国際化・ボーダーレス**　貿易の自由化、規制緩和／内外価格差の解消／国際連携／製販同盟／チャネルミックス

全国展開をはかるメーカーのヤクルト本社と、地域密着の地元企業である群馬ヤクルトとのマーケティングに対する考え方の違いも大きい。メーカーは、全国（不特定多数）のお客様に、最大量の自社製品を提供しようとする。一方、特定エリアの販売会社は、その地域のお客様に、自分たちができる最高のサービス（価値）を提供しようとする。群馬ヤクルトは、群馬県のお客様に支持・信頼されなければならない。

私たちがお客様に提供できる最大の価値は、「健康」である。ヤクルトを飲んでいただくことを通じて、お客様に健康になっていただくことがヤクルトの価値である。

メーカーの商品施策に盲目的に従うのではなく、社会の動向に敏感になり、地域のお客様により近づいて、地域のお客様に喜ばれる価値・サービスを提供する必要があることが、理解さ

れるようになった。

5　ビジョン・プロジェクト

現在に至る大きな経営革新の活動の転機となったのは、平成一三年、部門リーダーと若手から選抜した一六人のチームによる、一〇年後の会社のあるべき姿・ビジョンを全員で共有することを目的にした半年間のビジョン・プロジェクトの活動である。

初回会合では、私と、共同経営者である現在の星野社長とで、経営者としての基本認識や思いをメンバーに語った。以後は、月二回のペースで会合を持ち、自由に検討を進めさせた。半年後にまとまったのが、「群馬ヤクルトの未来像」と「私達が大切にしたい価値観」とである。

〈群馬ヤクルトの未来像〉

お客様満足№1企業になる!!　そのためには…

①ヤクルト・ブランドの普及を通じて健康な社会づくりに貢献する！

②お客様に支持され続ける究極の宅配の仕組みをつくる！

私達が大切にしたい価値観

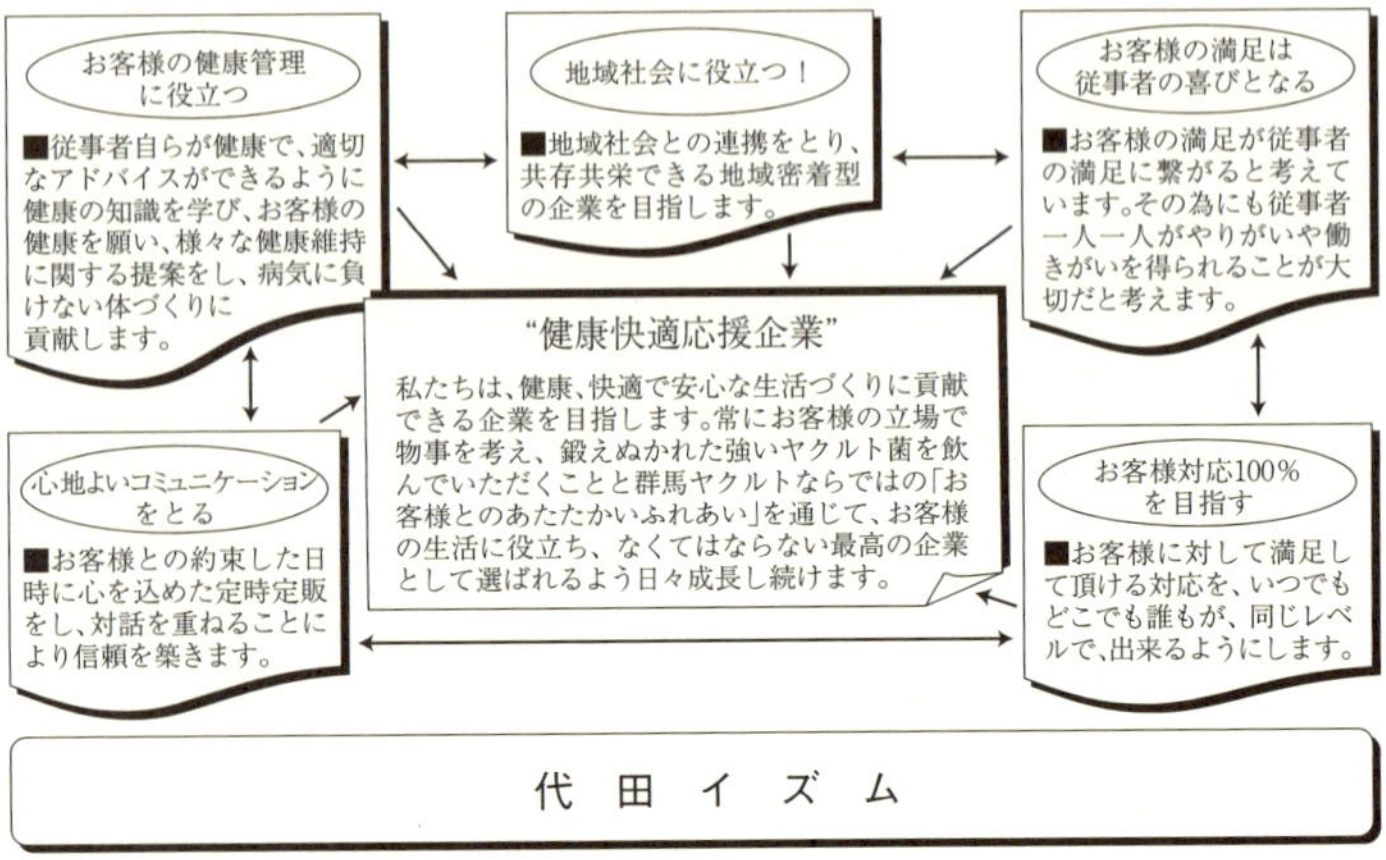
お客様の健康管理に役立つ
■従事者自らが健康で、適切なアドバイスができるように健康の知識を学び、お客様の健康を願い、様々な健康維持に関する提案をし、病気に負けない体づくりに貢献します。
地域社会に役立つ！
■地域社会との連携をとり、共存共栄できる地域密着型の企業を目指します。
お客様の満足は従事者の喜びとなる
■お客様の満足が従事者の満足に繋がると考えています。その為にも従事者一人一人がやりがいや働きがいを得られることが大切だと考えます。
“健康快適応援企業”
私たちは、健康、快適で安心な生活づくりに貢献できる企業を目指します。常にお客様の立場で物事を考え、鍛えぬかれた強いヤクルト菌を飲んでいただくことと群馬ヤクルトならではの「お客様とのあたたかいふれあい」を通じて、お客様の生活に役立ち、なくてはならない最高の企業として選ばれるよう日々成長し続けます。
心地よいコミュニケーションをとる
■お客様との約束した日時に心を込めた定時定販をし、対話を重ねることにより信頼を築きます。
お客様対応100％を目指す
■お客様に対して満足して頂ける対応を、いつでもどこでも誰もが、同じレベルで、出来るようにします。
代田イズム

③従事者全員が満足して働き、自らが幸せになり、夢をかなえる！

「私達が大切にしたい価値観」は上図のようにまとめられた。

代田イズムを土台に、図の中央には私たちの目指す会社を〝**健康快適応援企業**〟という一言で示している。その中身は、「私たちは、健康、快適で安心な生活づくりに貢献できる企業を目指します。常にお客様の立場で物事を考え、鍛えぬかれた強いヤクルト菌を飲んでいただくことと群馬ヤクルトならではの『お客様とのあたたかいふれあい』を通じて、お客様の生活に役立ち、なくてはならない最高の企業として選ばれるよう日々成長し続けます」というものである。

目指すべき会社像の周りに五つの私たちが取るべき行動基準を配置している。
すなわち、

1 お客様の健康管理に役立つ。
2 心地よいコミュニケーションをとる。
3 お客様対応一〇〇%を目指す。
4 お客様の満足は従事者の喜びとなる。
5 地域社会に役立つ。

いくつか、こなれていない表現もあるが、基本的には、私たち経営者の理念をほぼ反映したもので、理念の共有・合意形成はできたと考えた。プロジェクトの報告会を全社員の前で行い、この価値観の図は、以来、毎年度はじめに全員で確認している。

これ以後の群馬ヤクルトの経営革新は、この図に示された会社像や行動基準を忠実かつ具体的に実践・実現していくプロセスであるといえる。

3つの価値

群馬ヤクルトがお客様に提供できる価値		バリュー・プロポジション
1. 健康・美（華齢）	⇐	1. 製品の優位性（Product Leadership）
2. 宅配サービス		2. 業務の卓越性（Operational Excellence）
3. 心のふれあい		3. 顧客との親密性（Customer Intimacy）

出典：M. トレーシー・F. ウィアセーマ『ナンバーワン企業の法則』。

6　経営の進化へ

「群馬ヤクルトの未来像」と「私達が大切にしたい価値観」をもとに、のちに星野社長が「群馬ヤクルトがお客様に提供できる価値」を三つに整理して提示した。

一つは、「健康・美（華齢）」である。ヤクルトの世界一の高機能乳製品と化粧品を提供することによって。二つ目は、「宅配サービス」。ヤクルト独自のヤクルト・レディ（ヤクルト・スタッフ）による宅配の仕組みである。三つ目は、「心のふれあい」。ヤクルト・レディが一軒一軒の家庭を訪問してお客様との対話、温かい心のふれあいを日々実践することによって。

この三つの提供価値は、企業が顧客に価値を提供するバリュー・プロポジションの三類型によく呼応していると考えている（M・トレーシー／F・ウィアセーマ『ナンバーワン企業の法則』）。

「製品の優位性」（健康・美）については、主にメーカーであるヤクルト本社がその責任を果たさなければならないが、群馬ヤクルトも販売会社としてヤクルト製品の優れた価値をお客様に十分に理解・体感していただく必要がある。

「業務の卓越性」（宅配サービス）と「顧客との親密性」（心のふれあい）はまさに販売会社である群馬ヤクルトの責任領域である。「業務の卓越性」は、究極の宅配サービスの仕組みをつくる、という当社の永遠の課題を追求することによって実現したい。

ヤクルト・レディとお客様との交流を通じて「顧客との親密性」を深めてゆくことが、地域に根ざした、地域に存在感のある企業として認められる最重要ポイントであると認識している。

7　理念と実践：ビジョン経営

ビジョン経営は、理念を定めるだけでは完成しない。企業理念や社是・社訓を役員室や会議室の壁に飾っているだけでは、理念は絵に描いた餅である。理念は実践しなければ意味がない。ビジョン経営で大切なのは、企業理念・ビジョン・価値観を、いかにして現場の行動レベルまで浸透させるか、ということである。まず、メンバー全員が納得できる理念がなければならないが、その理念を全員で共有し、その理念を現場の隅々に浸透させる必要がある。理念を現場に浸透させるには会社全体が変革しなければならない。特にトップが本気にならなければ、現場の意識と行動は変わらない。また、理念を共有し浸透させるには、現場の合意と内発的活動が必要である。

ビジョン・プロジェクトによるビジョンづくりと、その後の経営革新のプロセスは、社員の内発的動機を促進した。

そして、理念と実践の一致、企業行動の一貫性がお客様の心の中にその企業に対する信頼を醸成する。

全国ヤクルト・グループの販売会社間には、同じ宅配システムの仕組みでありながら、業績(売上高指数)最上位と最下位とでは三倍近い格差がある。私は、この差は、ビジョン経営が徹底できているかどうかの差であると考えている。

群馬ヤクルト販売は、〝健康快適応援企業〟として、お客様満足No.1企業の実現を目指して、経営革新をさらに加速させようとしている。

おわりに

『健康の宅配サービス革命』という表題にそぐわない記述になってしまった感があるが、群馬ヤクルトは、現在、共同経営者である星野社長のリーダーシップで、まさに「革命」という名にふさわしい経営革新が進行中である。革命は現場から起こる。私は現在、現場から最も遠い立場にいる。だから、本稿では現在の具体的な現場については触れていない。経営革新のサイクルが回り始めるまでの背景を説明したつもりである。

本稿の副題を「リージョナル企業の経営革新」とした。私はこの「リージョナル」という言葉に、以下の三つの意味を込めている。

一つは、「**地域主導**」(Leading, Initiative) である。系列やグループ企業であっても、自社の将来については、自社が主導権をもたなければならない。

二つ目は、「**地域内連携**」(Cooperative, Collaborate) である。顧客に最高の価値とサービスを提供するためには、自社の資源だけでは限界がある。共通のビジョンを持った異業種や他企業、行政、NPO等との連携を積極的に考えるべきである。

そして、三つ目は、「**地域発信・群馬発**」（Original）である。新しいビジョンを実現するためには、前例や教科書、従来のビジネス・モデルは参考にならない。自らオリジナルのビジネス・モデルをつくるしかない。

このような意味でのリージョナル企業として、真の成長企業を目指したい。

参考文献

『GEとともに　ウェルチ経営の21年』ダイヤモンド社、二〇〇一年。
M・トレーシー／F・ウィアセーマ（大原進訳）『ナンバーワン企業の法則』日本経済新聞社、一九九五年。

5 生活者のニーズを企業へ

土屋和子

はじめに

私が高崎でパリッシュ出版を設立したのは平成九年八月である。現在は高崎市だけでなく前橋・伊勢崎周辺を含めて、三〇万部のポスティングをするタウン情報誌であるが、当時は高崎市をカバーする一〇万部からのスタートで、平成一八年二月で一〇〇号目になる。

当時、高崎にはタウン誌が一誌もなく、「商業都市なのに、どうしてタウン誌がないのだろう?」と不思議に思った。そして同時に「ここは一つのビジネス市場になる!」と確信した。しかし、お金もない。スタッフもいない。人脈もない。「どうやって立ち上げるの?」とみんなに言われながら、ほとんどの人に「ちょっとやって終わっちゃうんじゃないの?」と思われていた中でのスタートであった。本当にお金のない状況だったので、まず銀行から、一三〇〇万円を借りて資本金にした。とにかく無駄遣いはいっさい出来ないし、余分なお金はもちろん使えない。スタッフは求人広告で募集した。中古のデスクを六個くらい並べ、そこに電話機を二つとファックスを置いた。求人で集まってきた経験のない五人のスタッフとともに「よし、月刊『パリッシュ』を作るぞ!」ということでスタートした。

1　経営理念づくりに向けて

(1) 月刊『パリッシュ』創刊当時

早速、営業に回り始めたが、当時高崎にはタウン誌がなかったから、企業からは口を揃えて「なぜウチがタウン誌に広告出さなきゃいけないの？　その必要があるの？　ましてやなぜお金をとられるわけ？」と言われた。その辺から、企業を説得しなければならなかった。

苦しい営業活動の中、創刊号を平成九年の一一月に発行した。このときの売り上げは、一六〇〇万円くらいで、巻頭には、市長と私との対談をもってきて、「このタウン誌は、町の皆さんに支持されている」というところを印象づけることにした。しかし、そのときはまだ、飲食店とか美容院とか小売店からの広告掲載は得られなかった。掲載料三万円、五万円というのは、小売店や飲食店にとって一日の売り上げに近い額で、それを、ワケのわからないタウン誌には払えないというのが、皆さん共通の見解だった。

当初、月刊『パリッシュ』は、三〇代から四〇代の主婦層をターゲットとした。しかし、創刊号を出して「これは大きな間違いだ」ということに気づく。プレゼント応募ハガキの戻りを見ると、二〇代の方が圧倒的に多い。「高崎は、二〇代の心をキャッチしないとビジネスにつながらない！」と思い、四号目から編集方針を変えた。その一つとして、モノクロのページを設けることにした。そして映画・ビデオ・CDの紹介や読者とのコミュニケーションの広場などを積極的に取り入れた。

(2) パリッシュが認知されるまで

表紙は地元にとことんこだわるために、そこに住む市民の皆さんに飾っていただくことにした。誌面にもどんどん読者をモデルとして登場してもらった。誌面に登場した人は「私、パリッシュに出たよ」と一〇人くらいに言ってくれる。一〇人が登場すれば、一〇〇人に広がる。そうした〝口コミ〟で広がることを狙った。この作戦が功を奏して月刊『パリッシュ』は半年くらいで広くエリア内に認知されるようになった。

それともう一つは、月刊『パリッシュ』のファンづくり。現在のマイステージモニターの基本的な考え方になっている「パリッシュクラブ」という読者の会を作った。私はそのあたりから地域に根ざしたマーケティングの構想をイメージすることになった。

(3) 経営理念づくり

創刊して一～二年はスタッフはだれもが、寝袋持参の勤務体制で、私は夕方自宅にいったん戻って夕食を作り子供たちに食べさせて、会社に戻って仕事。そして朝、子供たちが起きる前に、自宅に戻って朝ごはんを作って子供たちを送り出して、会社に行く。そんな生活を送っていた。

ある時、スタッフを元気づけようと思って「がんばれば、あなただって会社をもてるよ」と声をかけたら「私は社長みたいになりたくない！」と言われた。そのときに「あー、社長はこんなにボロボロになっちゃいけないんだ」と思い、その頃から「私は何のために会社を作ったんだろう。会社というのはどうあらねばならないんだろう」と考え、会社の理念づくりを始めたのである。

一年くらいあれこれ考えた末、「豊かな心で互いに尊びともに成長する企業」をわが社の経営理念として掲げることにした。

地元の役に立つ企業でなければいけない。そして、社員もともに成長する会社にしよう。地域貢献と社員の成長という企業理念はいまも変わらない。

2 パリッシュらしさはエリアマーケティングから

(1) 提案営業

月刊『パリッシュ』というのは、エリアマーケティング活動そのものである。企業の記事広告や特集広告を載せ、消費者に情報を提供する。企業に対しては、徹底的なヒアリングを行い、一件一件のお店と向かい合って、売り手の企業は何を売りたいのか、どんな人に買ってもらいたいのか、ということをしっかり把握する。そのうえで、消費者とのマッチングをはかりながら誌面づくりを展開していく。

私は常々、スタッフに「パリッシュだからできることを考えて提案しよう」「スペースだけを売るスペースバイヤーにはなるな。『半値にするから、買ってください』というような、そんなみっともない営業はするな」と言い続けた。そのかわり、企業としっかり向かい合い掲載料に匹敵する提案をしよう。それが「パリッシュしかできないこと」につながっていくと考えているからだ。

(2) マスからエリアへ：マーケティングの流れ

企業は商品を流通させ、消費者は商品の価値を見いだし、満足してお金を払う。この売り手と買い手がある市場に、どんな商品を出し、長期的な利益を継続する環境を作っていくことが、マーケティングである。マーケティング活動の中で企画を立て、コンセプトを作って商品開発し、価格の設定をする。そして、売り方を考えて、売り方のPRをする。このPRというのが、パリッシュ出版の役割である。

私は、マーケティングは「売れるための仕組みづくり」と考えている。消費者にとって魅力的な商品を作り出し、売り手・買い手双方に合理的な利益を上げていくという仕組みを作っていくことが、マーケティングの目的である。

しかし、マーケティングも時代とともに変わっていく。従来のマスマーケティングの考え方である売上げ至上主義から利益重視に変化している。そして、〝みんな〟に喜んでもらうものではなくて、〝あなた〟に喜んでもらう商品を作る、大衆向けから個人向けの商品への転換である。

当然、営業方法も変わる。一件でも多くの新規客を集めるより、一件の顧客を生涯囲い込めるような、もしくはそのお客の周りにいるお客までも囲い込めるような顧客囲い込み営業への転換、つまりかつてのモノ売り営業から、提案営業への転換が求められている。

(3) パリッシュのエリアマーケティング

私のエリアマーケティングの考え方は「地域にこだわること」と「〝消費者〟を〝生活者〟と捉えること」にある。何でもモノを買うのではなく、生活をより楽しむためにモノを買う人。ライフスタイルにこだわってモノを買う人。そういう生活者を想定することである。

パリッシュ出版を設立して九年間多くの広告掲載企業とおつきあいさせていただく中で、ずっと考え続けていることは「どうしたらモノが売れるか」、つまり販売の仕方や方法をアトバイスするなど、売り手企業の販促のプロフェッショナルになることである。

しかし、私には女性であり主婦であるという強みがある。「私だったらこんなものが欲しい。私だったらこんなコピーに心が動く」それが、私のエリアマーケティングの原点なのだ。

地域の企業がターゲットとする顧客は、その企業が立地する半径一五キロ圏内がほとんどである。そういう商圏の中にいる「私」=「生活者」と企業は、真剣に向かい合っているのか。きちんと対話しているのか。

私は、この対話こそ、これからの企業にとって最も必要なことだと確信している。「私はこれが欲しい」という生活者に、企業はきちんと応えていかなければならない。それがわかれば「売る」ことなど簡単なことだと気づき、「私だったら……」という女性の声を集めて、企業に伝えようと思った。欲しいと思っているモノの情報を欲しい人へ届ける。企業側は、自分の顧客となり得る消費者にその情報をきちんと発信する。それができればモノは簡単に売れるはずである。

マスマーケティングではつかみきれない、個のニーズをつかむシステムを作りたい。そんな〝思い〟が、インターネットをツールとすることで、「マイステージ」という消費者ネットワークの構築につながっていったわけである。

3　マイステージとは

(1)「マイステージ」の目的

「マイステージ」の目的の第一は、もちろん地元企業の販促・集客のプロモーション支援で、第二は女性支援である。子供がいるとか、お姑さんがいるとか、介護しなくてはならない人を抱えているとか、理由はさまざまであるが、非常に高いスキルやキャリアを持ちながら家にいなければならない環境の女性たちがたくさんいる、と私は主婦時代から考えていた。彼女たちはフルタイムでは働けないけど、ちょっとした時間なら社会とかかわってみたいと思っている。私は、彼女たちの埋もれた才能をうまく引き出すことができないかと考えた。

『パリッシュ』を始めた時に集まったスタッフは、未経験にもかかわらず、活躍するステージを用意することで一二〇％以上の能力を発揮してくれた。そんな経験からも「女性たちが社会にかかわれるステージを用意すれば、きっと女性ならではの能力を発揮してくれるに違いない！」と思った。

「マイステージ」は、市場のニーズを知りたい企業と消費者である感性豊かで行動力のある女性たちをマッチングするシステムである。

(2)　キーワードは〝地域〟と〝女性〟

「マイステージネット」というウェブサイトをオープンしたのは、平成一四年三月で、それは地元のネット環境を持っている女性消費者のネットワークのことである。この「マイステージネット」と月刊『パリッシュ』を使って、徹底的に地域のマーケティングに貢献しようと思った。

現在、「マイステージネット」の登録会員は五千数百名。この五千名というのが、私なりにこだわっている数で、いま一〇万人、二〇万人の主婦のアンケートがとれる全国ネットのマーケティング会社がたくさんあるが、それは地元企業にとっては全く意味がない数字と思っている。先ほども述べたように、高崎で、前橋で、伊勢崎で事業を営む企業の顧客となりえる人たちは、せいぜい半径一五キロ圏内で暮らす消費者である。

たとえば、誰も五〇キロ離れた美容院には行かないし、三〇キロ離れた飲食店にも行かない。せいぜい高崎市内、前橋市内、伊勢崎市内が消費者の生活消費行動範囲である。地元の企業が把握しなければならないのは、地元で生活している消費者のニーズである。

「マイステージネット」の登録者は、アンケートやモニターに参加するだけではなく商品開発や販売促進などの企業活動にも参加していただく。そのためには、五千名をしっかり管理しなければいけない。一〇万人なんて大規模になってしまったら、管理体制が行き届かなくなる。

さて、「マイステージネット」に登録している女性消費者たちを、私たちはステージワーカーと呼び、ステージワーカーのデータベースを構築している。たとえば、〝持ち家アリ・ナシ〟

から〝どんなキャリアやスキルを持っているのか〟個人志向まで含めたものまで、データベースを作っている。このデータベースが「個マーケティング」の重要なベースになっている。

私が言うエリアというのは、高崎とか前橋とか伊勢崎とかという地域にこだわっているのではなく、「そこに住んでいる生活者が行動する範囲」という捉え方をしている。そして、この顔の見える生活者たちが、「こんなモノが欲しい」「こんな生き方をしたい」「こんなライフスタイルをしたい」と思っている声を数値化して企業に届ける。それに応える企業は生活者が満足する商品やサービスを提供する。「この両者を結びつけて、有機的な利益を双方に創造させる。わかりやすくいうと、ウィンウィンの関係を作るということである。このウィンウィンの関係を、〝地域〟と〝女性〟というキーワードで、当社はお手伝いをしているということである。

(3) マイステージの仕組みと業務内容

「マイステージ」の仕組みですが、まず県内に住みネット環境を持つ女性消費者たちに「マイステージネット」というウェブサイトに無料で登録してもらう。登録者（ワーカー）たちは、WEBサイト上でアンケートやモニターに参加する。たとえば、一つのアンケートに答えることによって、一〇ポイント五〇ポイント一〇〇ポイントなど、内容に応じたポイントがつくわけである。一ポイント一円で、二一〇〇ポイントたまるとお金と換金できる。

また、企業のキャンペーンや座談会に参加していただく仕事もあり、これもポイントがつく。キャンペーンでは、〝キャンペーンレディ〟として活躍していただく。これが、なかなかすばらしい！　いままで社員がやっていたものを、主婦のプロジェクトにお任せしていただくため、まず当社の教育プログラムで研修し、商品知識を持ってもらう。そして、キャンペーン当日には彼女らは日常的な仕事でないだけに、ものすごいパワーでかかわってくれるので、社員よりもクオリティの高い、温かい接客ができる。キャンペーンレディはどこでも好評である。

入力業務やHPの更新業務もある。当社が企業の更新業務の仕事を請けたときに、ワーカーに発注する。ワーカーの中には高いスキルを持った方がたくさんいる。

競合店モニターというのも行っている。たとえば、スーパーマーケットのAスーパーの競合店Bスーパーに行き、商品の陳列や、商品のボリューム、売れ筋の商品、接客態度などをすべてチェックする。企業側は接客の現実を知り、さらに高いサービスを目指す。

ネットの仕事メニューの中には、「ホームページ（HP）診断」というのもある。まず、一〇〇人くらいがその企業のHPにアクセスする。そして、依頼事項に沿って項目をチェックし、感想・評価を返信する。時には、そのHPを作った人には見せられない辛辣な意見もあるが、

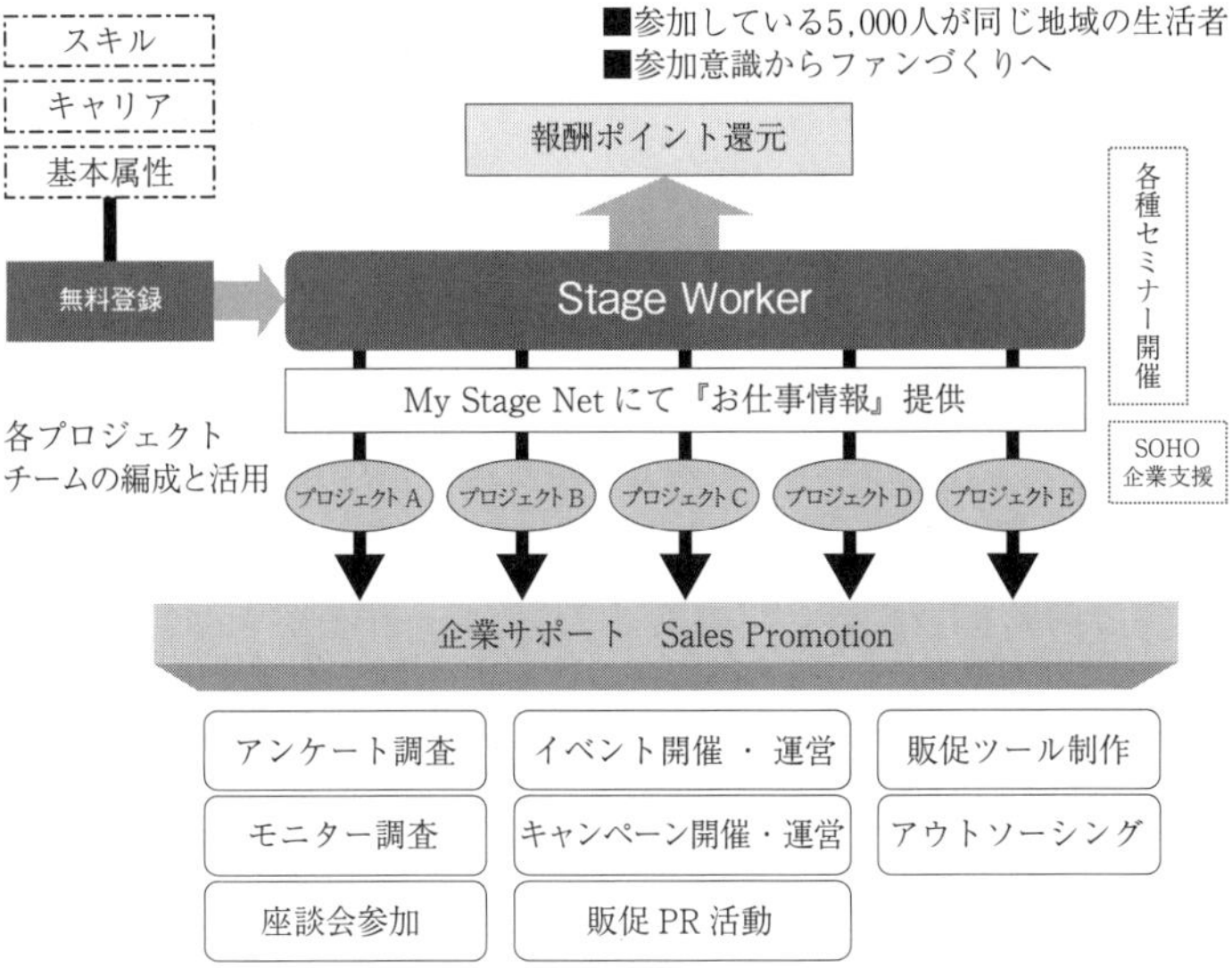

そういった率直な意見の中から「このHPは一体何の目的で作ったんだろうか」「どういう消費者たちをターゲットとしなければならないのか」「どういう見せ方が良いのか」ということが、明確に見えてくる。アンケートやモニターを当社で分析し、消費者の求める商品やサービスの提供につながる提案書を企業に提出する。

アウトソーシングも行っている。たとえば、キャンペーンの後に「ご覧になったあの商品はいかがですか?」といったコールセンター的な仕事も対応できる。

このようにステージワーカーには、アンケートやモニターに参加してもらい、さらに企業側に入り込んで、企業とともに消費

地域にこだわるのは……売り手と買い手の共存市場であるから

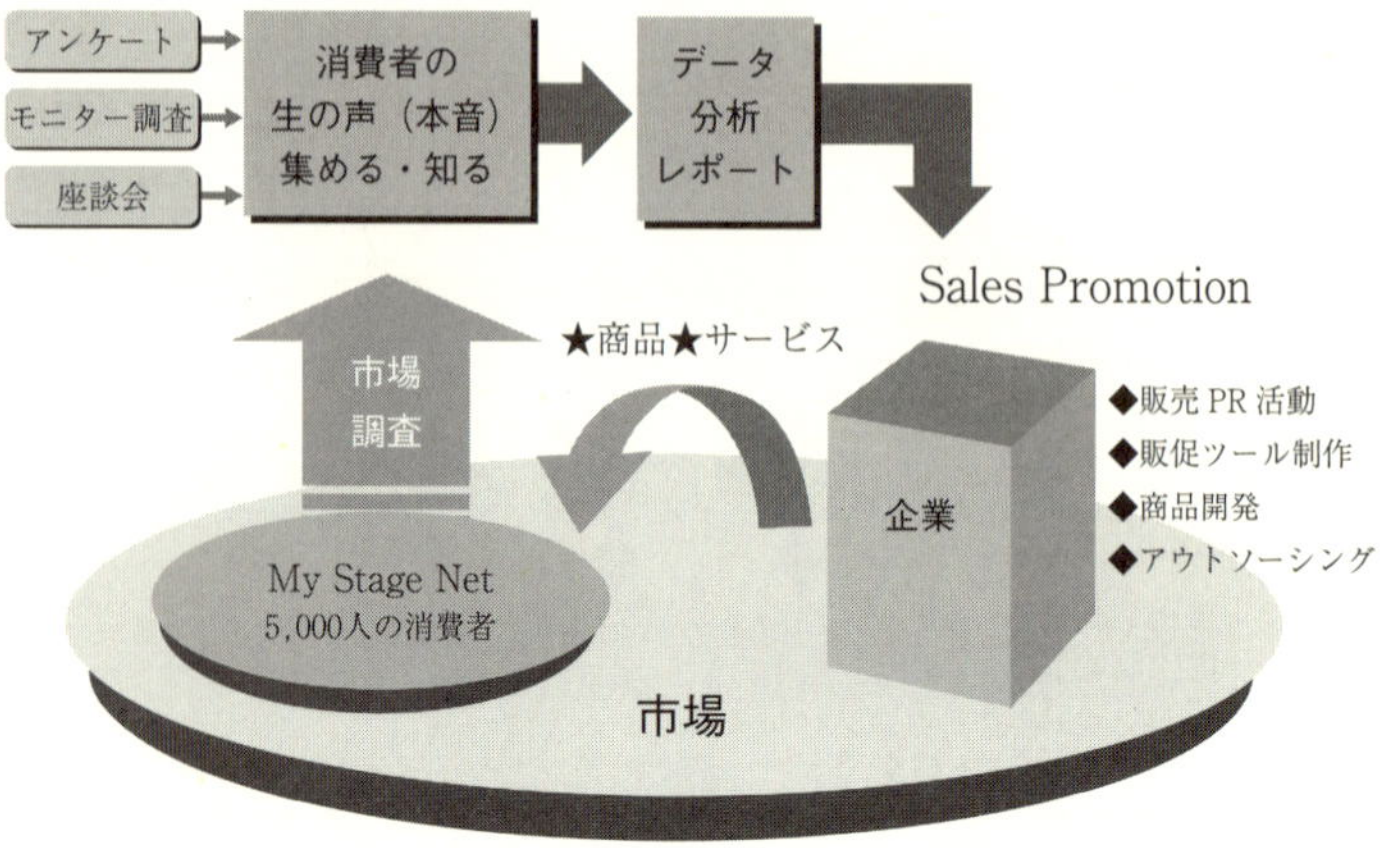

者に受け入れられる商品の開発や販売方法に彼女たちの行動力と感性を活用してもらう。そして、企業と消費者の密接な関係作りをしている。「マイステージネット」に登録している人たちは、企業の仕事もする消費者である。専門家の視点ではなくて、消費者としての厳しい目で見て、企業が気づかなかった商品の利点を指摘する。群馬で暮らす私たちにとってふさわしい商品なのかどうかということを、ワーカー＝生活者の視点でチェックしている。

(4)　アンケートから見える生活者の声

「地場野菜専門のスーパーと、安売りのスーパーと並んでいます。あなたは野菜を買いに行くときにどっちのスーパーに行きますか？」と聞くと、当然ほとんどの人が、「産地直送の野菜を売っているスーパーに行く」と答える。ただネックは価格で、価格が安くないとだめ。次に、同じ人たちに、「あなたは、野菜にこだわっていますか?」という質問をする。すると、約八割の人が「こだわってます」と答える。でも「こだわってます」という人たちに、別の角度で再び「あなたは野菜の何にこだわっていますか」という質問をすることでクロスすると、「こだわった」という方たちの八割以上が「こだわりたい」と思っているだけで、実際の生活の中では「こだわっていない」ということがわかった。そのあたりが、アンケートの面白さと分析の怖さである。

一階層のアンケートだけでは見えてこない本音を、二階層、三階層と掘り下げたりクロスしたり、別の角度から質問していくと、エリアに住む生活者のさまざまな顔や女性のライフスタイルが見えてくる。

その中から見えてきた「私はこんなものが欲しい!」という生活者の声が「売れる商品」を作り上げていく。そして、女性は一度気に入れば、ステキとか、かわいいとか、女性特有の共感言語を持つ。「これいいよなー、いいよなー」って言い合う男性はあまりいないが、女性は、「かわいい」とか「ステキよね」とか「便利よね」、ということで「え、いくらで買ったの、どこで買ったの?」というところから話が広がり、「じゃ私も買ってみようかしら?」という購買動機につながっていく。これも忘れてはならないことである。

4 花子マーケティング

当社は、エリアマーケティングに力を入れてやってきた。しかし、いまはエリアマーケティングから〝花子マーケティング〟に移ってきている。花子マーケティングというのは、私が勝手に考えたネーミングで、〝個マーケティング〟のことである。私は略して「花ちゃんマーケをやろう！」と、社員には言っている。

花子さんというのは、あなたの名前で、「その生活者のひとりの花子さんを、きちんとマーケティングしましょう」という考え方の名称である。

花子さんに喜んでもらうために、あなたは何をしますか？　たとえば、僕の好きな人である花子さんに「何かプレゼントしたいな」と思ったとき、まず、「どんなプレゼントをしたら、喜んでくれるだろう？」と考える。そして、好きになった花子さんのことをいっぱい知りたいと思い、花子さんを落とすために、花子さんの身辺調査をする。「ひょっとしたら、花子さんは彼氏がいるんじゃないか」「花子さんは年収どれくらいとっているんだろうか」「花子さんは、どんな洋服や化粧品に魅力を感じているんだろうか」「花子さんはどんな車に乗って、休日にはどんなことをしているんだろうか?」「花子さんの好きな音楽は?」「花子さんの両親はどんな人?」「花子さんの好きな食事は?　イタリアンが好きなの?　中華が好きなの?　それとも和食?」「花子さんがはまっているモノは何?」。

大好きな花子さんを落とす時に考え調査するのと同じことが、顧客を作るうえでも必要である。

二〇代の花子、三〇代の花子、四〇代の花子、五〇代の花子を世代別・エリア別に絞り込んで把握していくことが、その世代の生活者たちのニーズを知ることにつながる。究極のマーケティングは、花子さんを知り尽くすことなのである。

これからのビジネスのキーワードは、〝生活者のウォンツ〟で、もう、〝ニーズ〟は当たり前の時代である。花子マーケティングから群馬の花子さんのライフスタイルが見えてきて、ようやくターゲット客のウォンツがイメージできるようになる。この花子マーケティングこそ「マイステージネット」である。花子さんの欲しいモノを、花子さんに届ける「売れる商品を生む仕組みづくり」なのである。

おわりに

いままで、マイステージネットを活用し多くの商品やサービスを作ってきた。たとえば、「主婦のわがまま住宅」「パリッシュ読者がつくるスウィートカップ」、また、集客イベントやキャンペーンにも、生活者＝ワーカーが力を発揮してきた。どれも生活者と企業が一体になってつくりあげてきたからこそ、評価されてきた。

情報誌という媒体とインターネットを使った女性ネットワークを最大限に活用することで、今後もさまざまなプロモーション企画を生み出し企業の販促・集客に貢献していきたい。

6 地方食品工業の生業からの脱皮戦略

原田 節子

はじめに

群馬県は産官学、ベンチャービジネスを支援する機関がたくさんある。そうした制度、機関がたくさんあるにもかかわらず、なかなか起業する人がいないようだ。起業にあたっては当然のことながらリスクが含まれるわけで、そのリスクをどういうふうにしたら回避できるか。当社は、創業から四代目になるが、ベンチャービジネスというのは、リスクが大きい起業ということが定義であるとするならば、現在の事業の立ち上げにあたり、新しい商品の開発に伴う新規市場は、そういう意味ではベンチャービジネスだといえる。

1　生業から食品製造業への転換

当社はＪＲ高崎線沿線の新町（人口一万三千人、今年高崎市と合併）、面積四平方キロメートル未満の小さな町で事業をしているが、現在はフランスパンを除いて、生産部門は縮小している。和菓子の店からスタートして、創業一〇〇年、現在で四代目となる。戦後、パンの製造に着手し、その後、パン、洋菓子づくりを手掛けてきた。創業者は東京の塩瀬という和菓子屋で修行を積み、中山道を北上しながら、その所々の和菓子店で指導していたが、その後、新町に事業の基盤を築き、今日に至っている。

戦後、パン製造に着手したものの、小さな町で営業していくためには、和菓子、洋菓子、パンと、お客さまのニーズにこたえるためにはなんでも売っていた。消費者側から見ると、「あのお店は一体何屋さんなのか」「パン屋？　和菓子屋？　洋菓子屋？」と業態が把握できなかったのではないか。売上げの中心は土産品、贈答品でありながら、消費者にはパン屋というイメージをもたれていたという、コンセプトが明確にならないまま営業する状態が長く続いた。

四年前までは、当社は社員三〇名ほどの規模だった。三〇名というのは、ジャンボ旅客機の乗務員と大体同じ人数で、当時はまさにジャンボ旅客機がまさに飛び立ったという状態だったのではないか。上昇気流に乗るまでは、さまざまな乱気流があり、それを乗り越えて上昇気流に到達しなければならない。コックピットで経営者も操縦桿をしっかりと握りしめなければならないと考えていた。飛行機は少しでも止まると落ちてしまう。当社も踏みとどまることができないという意識で事業を続けてきた。今日でもまだ安定飛行になったとはいえないが、現在は社員が一三〇名を超え、短期の採用を含めると一五〇数名の規模に成長している。

六年前までは家族従業員を含めて一四、五名、四年前まで従業員三〇名の企業がこれまでの規模に成長した起爆剤は現在の主力製品の「グーテ・デ・ロワ」である。

群馬県はお茶の供に和菓子よりもお漬け物という風土もあり、菓子文化の点で弱小県であったといえる。申告所得四〇〇〇万円以上の高額納税企業にランクインしている菓子屋は温泉まんじゅうを製造している企業のほかはほとんどない。他県では売上高六〇億円、一〇〇億円、二〇〇億円で、二〇％以上の経常利益を上げている、名実ともに一流企業といえる菓子屋が多く存在する。もちろん群馬県にも匠の技ならではの少量生産の逸品もたくさんあるが、菓子文化は絶対量が出ることによって代表銘菓になると考えている。群馬県民が他県民に自信を持って差し上げられる菓子を当社で作ろうと、手始めとして平成九年、一〇年に相次いで和菓子を創作し、百貨店の物産展でも話題を呼び、遠方からの固定客もついた。しかしながら、和菓子は夏場の暑さが最大の弱点で、せっかく消費者に選ばれた菓子も、夏の間に忘れられてしまうと、次の需要期に購買に結びつけるのが難しかった。

しかも、当社もバブル崩壊後、不況の波に、消費者のライフスタイルが変わり、内祝いの時に菓子を添えてお返しするといった習慣が少なくなってくると、営業においても過去の実績データというものが通用しなくなり、過去のビジネスモデルや過去の成功体験が通用しなくなってしまった。

当社も事業を縮小して、リストラでしのごうと消極的に考えたこともあったが、もともと余剰人員を抱えていたわけでもなく、それまで貢献してくれた家族の一員のような社員に、リストラを言い渡すことは忍びなかった。また、企業規模を縮小してしまうと、その小さい器ですら魅力がなくなって、またその器も手放さなくてはならなくなってしまうことに危機感を感じていた。従来は多くの事業が、真面目に営業していれば維持できていたが、いまや中途半端はあり得ない。一〇〇か〇、勝ち組に入るか負け組に入るかしかあり得ないということを、肌で実感していた。そこで当社では、和菓子の開発と同時に、夏でも強い商材、ラスクの商品化ということを、長年平行して考えていた。ただ一品を開発するというのは、当時は企画から仕入れ、設備投資と大変なリスクを伴うため、すぐに商品化に向けて始動することはできなかった。しかし、和菓子の次の戦略としてラスクを位置づけ、商品化に取り組んできた。

売れ残ったフランスパンをラスクに再加工することは多くのパン屋でも行われていた。同様に、毎日の仕事の終わった後に片手間で商品化するレベルであれば、それまでの設備で十分間に合ったが、本格的な商品化となるとそうはいかない。幸いにも、当社は高崎市に群馬県の西毛地区を一手に引き受ける学校給食向けのパン専門工場を共同で持っていた。そこでの余剰設備を利用すれば最小限の設備投資で新事業に乗り出すことができた。とはいえ、それでも初期投資としては三〇〇〇万円から五〇〇〇万円くらいはかかり、当社としては一大決心であった。「どうせ作るのであれば日本で一番おいしい商品を作ろう」を旗印にかかげ、本格的な商品開発に乗り出した。まずはラスクに加工して一番おいしく食べられるフランスパンの研究から見直しを始めた。材料は入手できる限りの最高のものを使用することはもちろん、ラスクに加工したときに最良の状態になるよう、使用する小麦粉を地元の製粉会社と共同開発した。バターも国内最高品質のバターを使用するなど徹底してこだわり抜いた。平成一二年を記念して発売。発売以来、全国から多くの反響があり、売上高も前年対比一五〇～一七〇％の急激な伸びを示し、現在でも一三〇～一四〇％程度の伸びを示している。

発売当初の数値目標として四年後に経常利益四〇〇〇万円を目標とした。群馬県内で四〇〇〇万円以上の菓子メーカーがほとんどないならばと、それが発奮材料となった。目標は二年目で達成することができ、四年目には経常利益一億六〇〇〇万円を挙げることができた。五年目は設備投資がちょっとかかったが、一億四〇〇〇万円を達成した（ちなみに六年目の一八年度は一億九〇〇〇万を挙げた）。

増え続ける需要に対応するため、段階的に機械設備を進めた。一例をあげると、スライスしたフランスパンにバターを塗る機械は当時国内外にはなく、機械メーカーと工業大学出身の当社社長が共同で専用機を開発した。しかしながら、実際でき上がった商品は手でバターを塗った時と食感が違っていたことから、結果的に手作業で一枚ずつ塗る人海戦術に戻したこともあった。しかしながら、早期に改良点を見いだすことができたことが、手作りの食感を維持しながら、生産性を上げることにつながっている。ゼロからの設備投資ではなかったことが、結果的に製造コストに占める材料原価を最大限にでき、かつリーズナブルな価格で提供するという最大限の強みになっている。

しかしながら、販売量の増大が生産能力を超えるようになり、繁忙期には製品不足が慢性化するようになった。なかでも年末年始のピークはいくら生産しても需要に追いつかない状態で、来店者や通信販売で受けた注文も断らなくてはいけない状態になってしまった。こうなると、社内でも通信販売、接客、予約のそれぞれの担当者が商品を奪い合うような状態が続き、新工場の移設が必至になり、平成一四年二月に閉鎖した四千坪のプラスチックの成型工場跡地を購入することになった。しかし、当時は資本金が三〇〇万円の有限会社だったことから、土地購入を不安視する声もあったが、売上げは三億一二〇〇万円で経常利益が四六〇〇万円を超えていたこともあり、これまでの実績とともに信用を得て、念願の「理想的な店鋪と工場」の建設に着手することができた。

新工場建設、新規設備の稼動に伴い、人材育成の必要が出てきた。新たに募集したスタッフで、新規設備を従来の製品と品質を変えることなく使いこなすことは非常に困難を伴ったが、この時点が〝生業〟から〝企業〟への成長するターニングポイントとなった。それまでの職人の経験に基づいた菓子づくりから、標準化と人材育成、そして品質管理に基づいた商品の製造に転換せざるを得なかった。また、新工場建設は当社にとって多額の設備投資となったが、それが産業として脱皮していくもう一つのきっかけとなった。新工場建設以前は設備投資がなかったため材料原価が多少高くても経営が成り立ったが、新工場建設で設備投資資金がかさむことにより、見直しをはかる必要に迫られた。だが、取引量の増加により流通経費を削減することができ、また、材料メーカーに倍のロットで再見積りをしてもらい、結果的に品質を変えることなくコスト削減することに成功した。

群馬県には温泉をはじめとした観光地があるが、当社の所在地は群馬の玄関口にありながら、観光資源や歴史や文化遺産のお膳立てがあるわけではない。観光客が集まる地の利のある場所では、観光みやげとしての商品の開発ができるが、当社のような地の利が生かせない立地ではそうした観光みやげとしての商品開発ができないため別の角度からアプローチせざるを得なかった。観光みやげとして確固たる地位を確立した菓子、商品というのは、その土地へ行ったから買うのであって、たとえば東京の人が大阪の人に渡すといった需要ではない。当社は「感動のコミュニケーションを通じて拡販する」ということを商品開発のコンセプトにかかげてきた。①地元の方に味わってもらう→②地元の方が東京在住の方への土産品として配る→③東京の方に感動してもらえたら、ほかの方にその感動を与える、という感動のコミュニケーションを通じて拡販することを意図している。観光みやげとしての位置づけではなく、一ブランドとしてのブランディングを目指したといえよう。企業の規模、売上高は大きくなったが、卸は最小限にとどめ、あくまで直販を基盤にブランドを構築するというスタンスを貫いている。

2　通信販売をバネにして販路の拡大

次に、販売拡大についてだが、当社ではもともと本店と通信販売の二つの窓口だけで対応していた。ラスク発売を機にまずはＢ４サイズのチラシを半径二〇キロメートルのエリアに一〇万部配布し、次にこの周辺地にB3サイズのチラシ、さらにエリアを広げて二〇万部、現在では、B2サイズをさいたま市の一部まで四〇万部とチラシ配付により販路の開拓に努めた。また、さらに商品の認知度を高めるため百貨店の物産展の販売にも参加するようなったが、発売開始当初は知名度もなかったこともあり、五〇〇円袋の商品一つでものどが枯れるほど説明して、それでやっと売れる状態であった。こうした積み重ねが奏効し、いまでは物産チームを立ち上げるまでになっている。

店舗も前橋、高崎市内の百貨店、藤岡市内の高速道サービスエリアと相次いで三店舗出店し、平成一六年の四月には当社のシンボルとなる新本館がオープンした。さらに、千葉県船橋市内と埼玉県熊谷市内の百貨店で群馬県以外に初出店し、現在店舗が七店舗と、通信販売を混ぜて販売窓口が八個になる。

今後、販売戦略のカギとなるのは通信販売であろう。当社も地方経済の枠を越え、市場拡大するため通信販売に参入したが、ようやく軌道に乗りつつあり、現在では顧客リストが一〇万人を超えるようになり、全体の売上率の四分の一を占めるまでになっている。媒体も、電話とファクスと葉書のほか、インターネットサイトからも受注を受けており、今後は本格的にネット通販に取り組んでいく。

新製品開発についてだが、当社では新製品開発に当たっては全国各地、あるいは世界から優れた商品を取り寄せて、徹底比較して、単なるまねごとにならず、すべての面でこれらの商品に勝る商品の開発に徹底することだと考えている。そのレベルに少しでも到達しなければ、リスクを背負うわけだから、かえって商品化しないほうが賢明である、という経営判断をする。そして新規事業を立ち上げる際は、それなりの覚悟は必要になる。上昇気流に乗るまでは多大なエネルギーを必要とするため、あらゆることを犠牲にする覚悟を持たなければならないと考えている。通信販売を始めた頃は一人で手掛けていたこともあり、生活の時間を切り詰めるしかなかった。しかし、この状態は企業として最適な状態とはいえず、組織づくりが急務になってきた。経営者として製品管理、顧客管理とすべて把握していないと気が済まないたちだったが、まず自分自身の意識改革をし、少しずつ業務を分担させていくことができ、経営に専念することができた。ある意味自分の手から手放すという勇気も必要ではないだろうか。

今後の課題としてはやはり商品開発の充実であろう。商品開発研究は懸命に取り組んでいるが、いまだに「グーテ・デ・ロワ」に勝る商品というのは、確率的に少ないのではないだろうか。そこで、この商品を引き立てる、外堀を埋める商品の開発をしていく考えだ。そのうえで洋菓子店としてのブランド力を、トータルでつけていかなくてはならない。船橋店をオープンしたが、地元客からは当社の本当に手間ひまかけた良さを見てもらえたが、船橋ではまだまだ知名度がないのが実情である。菓子の世界はイメージの世界でもあり、ナショナルブランドの洗練された菓子と同じ土俵でしのぎを削らなくてはならない立場に当社は立たされている。いかにブランドイメージを定着させていけるかが現在、当社にとって最大の課題ではないだろうか。具体的な夢としては、新本館敷地内にブランドイメージのシンボルとなるようなギャラリー併設の店舗を、増設する計画を持っており、菓子文化とその他の文化の融合をはかっていきたい。

おわりに

最後に、日本経済は依然として厳しい状況が続いており、群馬県もだいぶ景気回復してきたと言われていながらも、商店街に関しては全く状況は変わっていない。とはいえ、地元経済が悪いからといって、個別企業の業績の悪化を、仕方がないとかあきめらるわけにもいかない。売れない理由を駐車場がないからとか、近くに大きなショッピングセンターができたからとか、できない理由を数えていてもきりがない。危機を危機として受け止めて、具体的な行動することが必要になってくるのではないだろうか。

当社も危機を危機として肌で実感できたからこそ生き延びることができた。もし、不況でなかったら、今日のような決断はしなかったもしれない。「まず窮せよ」という言葉があるが、窮すれば変じ、変じれば通ず、窮し、困らなければ辛抱していかないからだという。障害に向かって、臆することなく真正面から挑戦する。これ以外に企業が生き残る道はない。

また、アメリカの企業ではマネジメントのなかに、人生の成功はよい習慣づくりにあるという考え方である。意識が変われば態度が変わる。態度が変われば行動が変わる。行動が変われば習慣が変わる。習慣が変われば人格が変わる。人格が変われば運命が変わり、運命が変われば人生が変わると、こういうものをトレーニングのなかに組み込んでいる。意識を変え、それを習慣にするということだが、多くの場合、習慣になる前にやめてしまうので、成功しない。習慣は第二の天性であるという。当社も、小さな努力を積み重ねていった成果がようやくここにきて実を結びはじめたと実感している。

7 群馬発「酵母パン」の実用化に向けて

福本 亮平

はじめに――私たちの生活とパン

読者の中で、パンを食べたことがない方はほとんどいらっしゃらないであろう。日本人の主食はもちろん米であるが、現代の食生活においてパンは米（ご飯）に次いで重要な主食となっている。特別な調理をしなくてもそのまま食べることができ、トースター等で軽く焼くことでより香ばしくなる。野菜や肉類との相性もよく、おかずをパンにはさんでサンドイッチにすれば、箸などを使わなくてもほとんど手を汚さずに食事ができる。また、基本的に一度加熱調理した食べ物であるため、比較的長期の保存が可能なことも大きな特徴である。阪神大震災の際には、非常食としておにぎりよりも喜ばれたと聞いている。最近ではさらに保存期間をのばすために缶詰になったパンも販売されている。大手のパン製造企業はいわゆる袋詰めのパン製品を販売しており、スーパーやコンビニエンスストアなどで簡単に買うことができる。また、小規模経営のいわゆる「町のパン屋さん」ではパン職人が腕をふるったおいしいパンを購入できる。食パンやバゲットなどの主食用のパンのほかに、日本独自の菓子パンや総菜パンなどバリエーションが非常に多く、食事からおやつまで、子供から大人まで幅広く食べられている。

1　パンの歴史

このように日本の文化にとけ込んだパンであるが、ご存じのようにもともとは欧米からもたらされた食品である。どのような道のりを経てパンが日本にやってきたのか、その歴史を簡単に紐解いてみよう。パンの主原料は小麦粉である。野生の小麦はイネ科の植物で、紀元前七〇〇〇年頃、中東のメソポタミヤ地方（現在のイラク付近）で大麦などとともに栽培が開始された。食用になるのは澱粉とタンパク質を多く含む種子（実）の部分であるが、そのままでは消化しにくい。そこで、集めた種子を石などで潰して種皮を除き、粉にして食べられていた。その後紀元前四〇〇〇年頃には粉に水を加え、こねてから焼いて食べるようになった。こうして作られたものは、現在のインドなどで見られるチャパティーに近いもので、ほとんどふくらみのない平たく薄いパンである。縄文時代の遺跡から出土するドングリを粉にして加工した「縄文クッキー」と原料は異なるが同じ発想の食品といえる。その後、小麦の栽培技術は古代エジプトにもたらされ、ナイル川流域の豊かな土壌を利用して大規模な栽培が行われるようになった。この時パンの製法も伝達されたと考えられるが、ここで現代のパンにつながる大きな転機がおとずれる。小麦などの穀物の表面や、土壌、空気中には酵母や乳酸菌などの微生物が多数存在している。これらの微生物がパンに混入し、発酵によりパン生地の中に含まれていた糖を分解して炭酸ガス（二酸化炭素）を産出した。炭酸ガスによりパン生地は膨らみ、これを焼成するとスポンジ状の柔らかいパンができた。それだけではなく、微生物が作り出した各種成分により風味も増した。これ以降、パンの製造には微生物の力が利用されるようになる。この当時のパンは、現在のものと比べると膨らみは少なく、中東のナンに近いものであったと考えられる。のちにエジプト人は発酵したパン生地を種としてビールを造り、逆にビールを種としてパン生地に混ぜて発酵させることで効率よくパンとビールを製造していたようである。

小麦とパンの旅はさらに続く。古代ギリシャでは、家畜の飼育や果樹の栽培が盛んに行われていたこともあり、パンにチーズやドライフルーツ、蜂蜜などを加え、さらにオリーブオイルを利用して揚げるなどバラエティに富んだパンが作られるようになった。また、ワイン醸造の際にも発酵が重要なことから、ワイン製造技術を利用してパンを発酵させる技術も進展した。ギリシャ文明を引き継いだローマ帝国では、国家の事業として大量のパンが製造され、市民に無料で配布されていた。ローマ皇帝の民衆に対する政策を示す言葉として、「パンとサーカス」があるが各種競技大会などの娯楽（サーカス）と並んで、主食であるパン（または原料の小麦粉）を提供することが重要な政治課題であったことを示している。注目すべき点として、家畜や水力を利用した小麦の機械式製粉と、専門のパン工場での集中的な生産が行われていたことが挙げられる。

時代は下って中世ヨーロッパでは、製粉用の水車やパン用の窯が貴族や教会などの特権階級に独占されていた時期があった。ルネサンス以降にようやく庶民も窯を作ることが許され、パンが主食となっていく。近世に入ると、一六〇〇年にイタリアの王女がフランスに嫁入りする際にパンの製造技術が伝えられるなど、パンの製造技術はヨーロッパにおいて広がりを見せる。今日のヨーロッパでは、油脂や砂糖、乳製品をあまり含まない、いわゆるコンチネンタル系のパンが一般的だが、その原型はこの頃に確立されたと思われる。イギリスで産業革命が起こると、蒸気機関による製粉が行われるなど、パンの製造はより工業化されるようになる。その後アメリカ大陸でもパンの製造が行われるようになるが、生産工程の機械化がさらに進められ、大量生産が行われた。ロシア産の硬質小麦を使用し、油脂、砂糖、乳製品を多く含むアングロ・アメリカン系のパンが作られるようになったのは、この頃である。さらにその後パンの製造を劇的に変える改良が行われる。それまで、パンを膨らませるための微生物は、自然にパン生地に混入したものか、よく膨らんだパン生地の一部を「種」として焼かずに残し、この「種」を次回のパン製造時に使用することが一般的であった。しかしながらこの方法で大量のパンを作るためには、腐敗・変質しやすい「種」を維持するために多大な労力が必要である。そこで、同じ発酵食品であるビールの酵母をもとに、パンを膨らませるための酵母を工場で大量に製造し、これを原料と一緒に混ぜてパンを作るようになった。この工場製の酵母を作る技術はその後発展していき、一九〇九年には現在見られる「イースト」の製造技術が確立されている。「イースト」を原料として使用することにより、安定したパン製造が可能となり、今日の工業的なパン製造の基礎が固められた。この酵母が培養されるようになった背景には、フランスの偉大な微生物学者ルイ・パスツールにより、発酵が微生物である酵母の働きによって起こることが明らかにされたこと（一八五七年頃）があったと思われる。パスツールの発見は今日のバイオテクノロジーが発達する基礎となっており、パンと生命科学とは深い関係にあるといえる。

日本にパンが伝来したのは、意外に古く、室町時代後期の一五四三（天文一二）年であり、種子島に漂着したポルトガル船から鉄砲とともにもたらされた。「パン」とはポルトガル語の「Pão」（パオ）に由来すると言われる。しかしながら、その後長い間日本ではパンが日の目をみることはなかった。幕府が鎖国政策をとり、キリスト教の布教を禁じていたこと、国産の小麦は主に製麺用で製パンには不向きなことなどが要因と考えられる。再び日本の歴史にパンが登場するのは、時代も下った幕末である。当時幕府はアヘン戦争でイギリスが中国の清朝に勝利したことに大きな危機感を抱き、軍備の見直しを行っていた。一八四二（天保一三）年、伊豆韮山の代官を務めていた江川担庵は、保存ができ、煮炊きの必要がないパンに兵糧としての価値を見いだし、製造法に関する情報を集めさせてパンを試作した。このとき作られたパンは、カンパンに近いものであったとされ、日本人の口には合わなかったのか、本格的に製造されることはなかった。この試作が行われたのは四月一二日であると言われ、日本のパン発祥の日とされている。

一八六二年には、アメリカ人ロバート・クラークが横浜にヨコハマベーカリーを開業し、主に在日外国人向けにパンを販売していた。一八七四（明治七）年、木村屋の創業者木村安兵衛は、清酒の製造に使われる酒種（酒米で培養した清酒用酵母）を使用して「あんパン」を製造し、販売を始めた。清酒の製造には高度な発酵技術が用いられており、それを製パンに生かしたことになる。糖分が多く、しっとりとした柔らかいパン生地と、和菓子のあんを組み合わせた独創的な「あんパン」は、日本人の嗜好にマッチし、以後これに類似した日本独特の菓子パンが作られていくこととなる。第一次大戦後、ドイツ人捕虜からドイツ式パンの製造法が、第二次大戦後にはアメリカの機械式製パン法が伝えられた。昭和三〇年代には生活の洋風化が進んだ結果、パンの消費量が増加し、効率よくパンを製造するためにイーストの使用が一般的になった。その後、昭和四〇〜五〇年代にはヨーロッパ風のパンが出回るようになり、パンの種類も増加していく。平成に入ると、製造工程を省力化するために、パン生地をいったん冷凍して保存する冷凍パン生地の製造法が編み出され、また近年ではイーストの代わりに「天然酵母」を使用するなどして差別化したパン製品が作られている。日本の製パン技術、酵母の育種技術は世界でもトップクラスであるが、積極的に海外から技術を取り入れ、それを伝統的な技術と併せて応用していくという日本人の国民性がパン製造技術においても生かされているのである。

以上パンの約九千年にわたる歴史を概観した。われわれの身近にあるパンであるが、その時代時代の政治体制、科学と技術の発展の程度を反映する一つのバロメーターとして捉えると、非常に面白く感じられる。

2 パン酵母とはどんな生き物か

パンの製造には微生物が重要な役割を果たしていることはすでに述べた。なかでも「イースト」として使用されているパン酵母は、工業的なパンの製造には欠かすことができない。では

写真１　パン酵母（美の和酵母）の顕微鏡写真

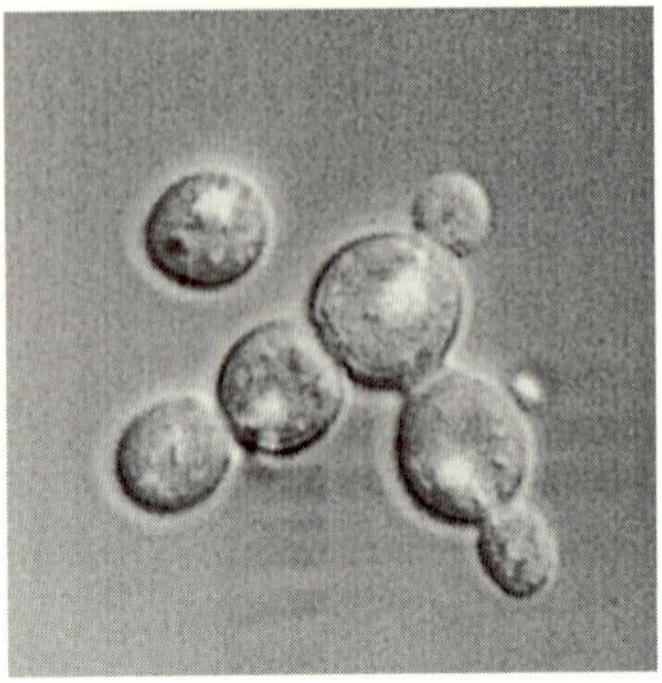

パン酵母とはどんな生物なのだろうか。「酵母」とは発酵食品や酒類を製造する際に用いられるカビの仲間の総称である。さまざまな種類があるが、現在製パンに使用される酵母はパン酵母（Baker's yeast：パン屋の酵母）と呼ばれており、サッカロミセスセレビシエ（*Saccharomyces cerevisiae*）という学名がつけられている。生物学的には、清酒酵母、ワイン酵母なども同じ種類に分類されるから、あんパンが清酒酵母を含む酒種を利用して作ることができたのも納得できる。

顕微鏡でパン酵母を観察すると、一つひとつは直径が約一〇ミクロン（一〇〇分の一ミリ）程度の大きさの卵形あるいは球形をしている（写真1）。この酵母の個体は一つの細胞だけからできていて、こうした生物を単細胞生物と呼ぶ。細胞は分裂して増えるが、パン酵母の場合は卵形の細胞の一部から小型の細胞が出てきて、これが分離して大きくなり、数が増えていく。このような分裂の仕方を出芽という。パン酵母は非常に小さく、単細胞の生物であるが、生きるための基本的な仕組みは動植物などと同じであり、古くから細胞分裂の仕組みなどを研究する際の研究材料として用いられている。

すべての生物は生きていくためにエネルギーを必要とする。主なエネルギー源としてはブドウ糖（グルコース）と呼ばれる糖が使用され、これを分解してエネルギーを得る。パン酵母はブドウ糖を分解する仕組みを二つ備えている。一つは酸素を使用しない発酵、もう一つは発酵と同じ解糖という分解を行ったのちに、さらに酸素を利用して完全な分解を行う呼吸である。われわれ人間が酸素を吸って二酸化炭素を出して生きていることはご存じだと思うが、酵母と同じくブドウ糖を分解するのに酸素を使い、二酸化炭素を出すのがその主な理由である。発酵では得られるエネルギーは少ないものの、酸素を必要としないため酸素の少ない状況でも反応が可能である。このため、パン生地中のパン酵母は主に発酵を行う。発酵には分解後に作られる物質によりいくつかの様式があるが、パン酵母はアルコール（エタノール）と二酸化炭素を作る。人間は清酒やワインを作るときにはこのアルコールを利用し、パンを作る場合には二酸化炭素を利用しているわけである。パン酵母は同じブドウ糖を出発材料にして、アミノ酸やタンパク質、糖、香りの成分なども作るため、酒類やパンにはもともとの原料にはない成分が含まれ、独特の風味を持つようになる。パン生地中には小麦に含まれているマルトース（麦芽糖）、原料として加える砂糖（ショ糖）が存在する。これらの糖類はブドウ糖と他の糖が繋がったものか、ブドウ糖同士が繫がった構造をしている。酵母はこれらの糖を酵素によって分解し、ブドウ糖を取り出して利用している。

3　最近のパン業界の動向

パンの製造工程を簡単に説明すると、次のようになる。まず原料である小麦粉、砂糖、塩、油脂などと酵母（イースト）に水を加え、十分に混合する。できた生地をいったん適温で寝かせ、発酵して膨らんだところで分割し、成形してパンの形状にする。これをさらに一定温度で発酵させ、十分に膨らんだ段階で釜に入れ、焼き上げる。最初の発酵を一次発酵、成形後の発酵を二次発酵と呼ぶ。通常手作業でこの工程を行うと、数時間を要するため、パン屋さんが朝から焼きたてのパンを店頭に並べようとすれば、深夜に作業を開始しなくてならない。この工程を省力化するために、一次発酵後にパン生地を冷凍し、必要な時に解凍して二次発酵から焼成までを行えるようにしたのが、冷凍パン生地の製造技術である。通常のパン酵母は冷凍すると大きなダメージを受けてしまうため、解凍後の二次発酵が不良となる。そこで冷凍に強い酵母（冷凍耐性酵母）が開発され、冷凍パン生地の製造に使用されている。各社から冷凍耐性酵母のイーストが販売されており、広く使用されるようになった。この技術により、冷凍パン生地はセントラルベーカリーと呼ばれる工場で生産し、これを冷凍車でオーブンフレッシュ店と呼ばれる小売店に運び、焼成することが可能となった。駅の構内など店舗のスペースが限られる場合でも、二次発酵と焼成を行う設備さえあればいつでも焼きたてのパンが販売できるわけである。こうした製造・販売形式はかなり普及してきている。

一方、最近のパンのトレンドとして、「天然酵母」の利用が盛んになってきている。「天然酵母」とは、工業的に生産される「イースト」に対して、伝統的に使われてきたパン種や、新たに果物などに付着していた微生物群を培養したものを指している。消費者の自然志向の高まりから、「天然酵母」を使用したパン製品はヒット商品となっている。既存のイーストを使用した場合と比較して、発酵には時間がかかり、ノウハウが必要であるが、パン本来の風味が出せるなどの特徴があることから、パン製品を差別化するうえで利点が多い。余談であるが、「天然酵母」という名称は、科学的な用語ではない。科学で使われる「天然」とは「人工」あるいは「合成」に対する用語であり、たとえば植物から直接抽出された薬効成分は「天然物（てんねんぶつ）」と呼び、構造的に同じ物質でも化学的に合成した場合とは区別する。ところで、パン酵母などの微生物は生物であり、現在の科学では生物を一から人工的に合成することなど全く不可能である。したがって、すべてのパン酵母、イーストは「天然」のもので、「天然酵母」と「イースト」の間に科学的な境界はない。われわれは養殖された魚介類を「養殖物」、海でとれた魚介類を「天然物（てんねんもの）」と呼んで後者を珍重するが、天然酵母の場合は酵母を野外からとってきて直接パン生地に加えているわけではなく、何らかの方法でいったん培養し、増やしたものを利用しているのだから、いわば「養殖物」である。科学の世界では、長年培養されてきた酵母に対して、新しく採取されてきた酵母を「野生酵母」または「野生株」と呼ぶので、これに習いたいところである。

理屈をこねてしまったが、もともと「酵母」とは「発酵に必要なもの」を指しており、幅広い微生物群を意味する。一種類の微生物を純粋に培養した「イースト」と差別化をはかるうえで、「天然酵母」は消費者のつぼをおさえて大変成功しており、製品のネーミングとしては優れたアイディアであるといえる。「天然酵母」の名称を考え出したのは、㈲ホシノ天然酵母パン種の創業者である星野昌氏で、昭和二六年のことだそうである。今日の健康ブームをずいぶんと先取りしていたことに驚かされる。

「天然酵母」として消費者に認知されているパン酵母の中で、最も知られているのは、秋田県総合食品研究所で開発された「白神こだま酵母®」であろう。すでにイースト製品となっており、世界遺産である白神山地で採取されたというロマンあふれる出自と、優れた冷凍耐性を持つことからヒット商品となっている。群馬県内のパン屋さんでも「白神こだま酵母使用」と銘打ったパンを販売しているところもかなり目にする。野生酵母を純粋培養したもので、開発者は「天然酵母」とは呼んでいないが、消費者がイメージする「天然酵母」に近いものとして扱われているようである。

4 群馬県オリジナルパン酵母の開発

群馬県工業試験場（現・群馬産業技術センター）では、地域の食品産業の振興を目指し、さまざまな製品開発を行っている。その一環として、平成一〇年頃に県北部の沼田地域で栽培が盛んなリンゴを活用したリンゴ酒（シードル）を製造する技術の開発が行われた。まずリンゴ酒の製造に適した酵母を開発するため、高橋仁恵研究員、木村紀久研究員らが中心となり、県内の果樹園から果実、土壌、果樹の花などを採取し、その表面に生息する野生酵母を単離して培養することを試みた。採取した試料を滅菌された水で洗い、この水を寒天で固めた培養液（固形培地）上に塗り広げ、二八℃前後で数日間培養すると、酵母の一つひとつの細胞が分裂増殖を繰り返し、コロニーと呼ばれる直径一ミリ程度の丸い細胞の固まりが確認される（写真2）。培養して増殖が確認できた酵母の中から、約七千株（コロニー）を選び、滅菌された爪楊枝や白金耳とよばれる器具を使って拾い上げ、一つひとつ試験管内の液体培地に移して培養し、リンゴ酒に必要な香りの成分をどの程度作るのかを調べた。香りの成分はガスクロマトグラフィー装置と呼ばれる分析機器でその量を測る。大変地道で労力を必要とする作業であったが、最終的に箕郷町の美濃輪城址の梅林から採取され、No3と名づけられていた一株が選抜された。箕輪城は戦国時代、長野氏、武田氏、北条氏の居城となった城である。

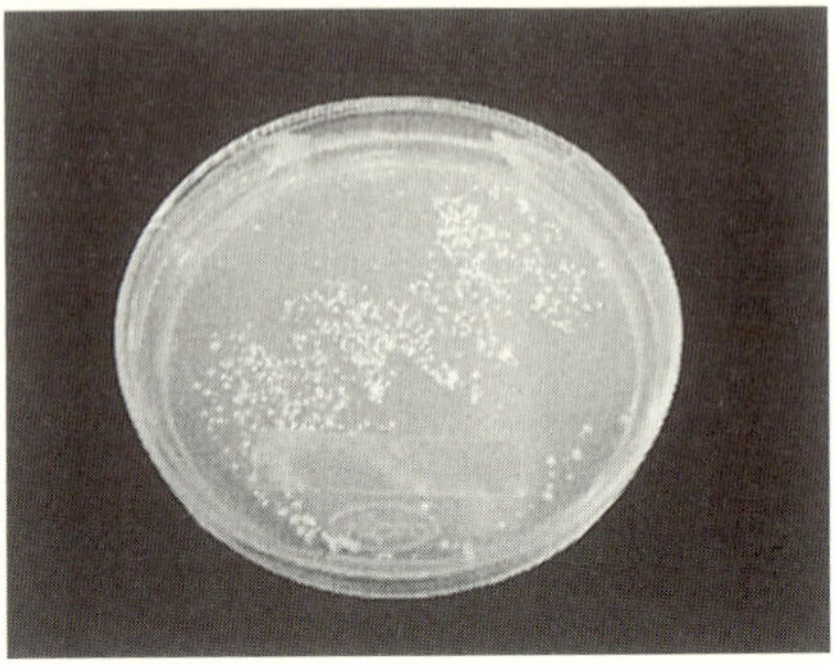
写真2　寒天培地上で増殖した酵母のコロニー

No3株は香りの生産能力は非常に高かったが、発酵能力がやや弱く、そのままでは実用化は難しかった。そこで、発酵能力の高いワイン醸造用酵母W－3株と掛け合わせることが考えられ、W－3株の細胞とNo3株の細胞を融合させて、いわば「雑種」の酵母を作ることが試みられた。その結果、二〇六株の融合した酵母が作り出された。その中から、香り、発酵力とも優れた株が得られ、1－6株と命名された。

ところで群馬県は「粉食文化」の色濃い地域である。粉食とは、穀類を一端粉にしてから食用とすることを意味し、米をそのまま炊きあげるご飯などの「粒食」とは異なる食文化である。筆者は福岡県出身であるが、群馬に住むようになってから、この地域の小麦を使った食品の多様さに新鮮な驚きを覚えている。うどん（おっきりこみ）やそばにはじまり、上州名物「焼きまんじゅう」や各地域のおやきに似た料理、最近売り出し中の太田市の呑龍焼きそばなど、小麦粉を原料とした食品が各地域で作られ食されている。全国有数の日照量とこうした文化的背景があることから、現在でも小麦の生産が盛んで国内第三位の生産量を誇り、県独自の品種であるW－8号小麦も作出されている。

そこで、平成一二年頃から、県の特産品である小麦と、同じく県で開発された1－6株を利用した食品の開発が試みられた。試行錯誤の結果、1－6株をパンの製造に使用してみたところ、市販のイーストを使用した場合と比較して柔らかく香りのよいパンが製造できた。また、生地を数週間冷凍しても十分な二次発酵が起きることから、冷凍パン生地も製造できることがわかった（写真3）。その後1－6株の特性について解析を進めたところ、1－6株はトレハロースと呼ばれる糖を多く作ることが明らかとなった。トレハロースは、やはりブドウ糖が二

写真3　美の和酵母を使用した製パン試験の結果

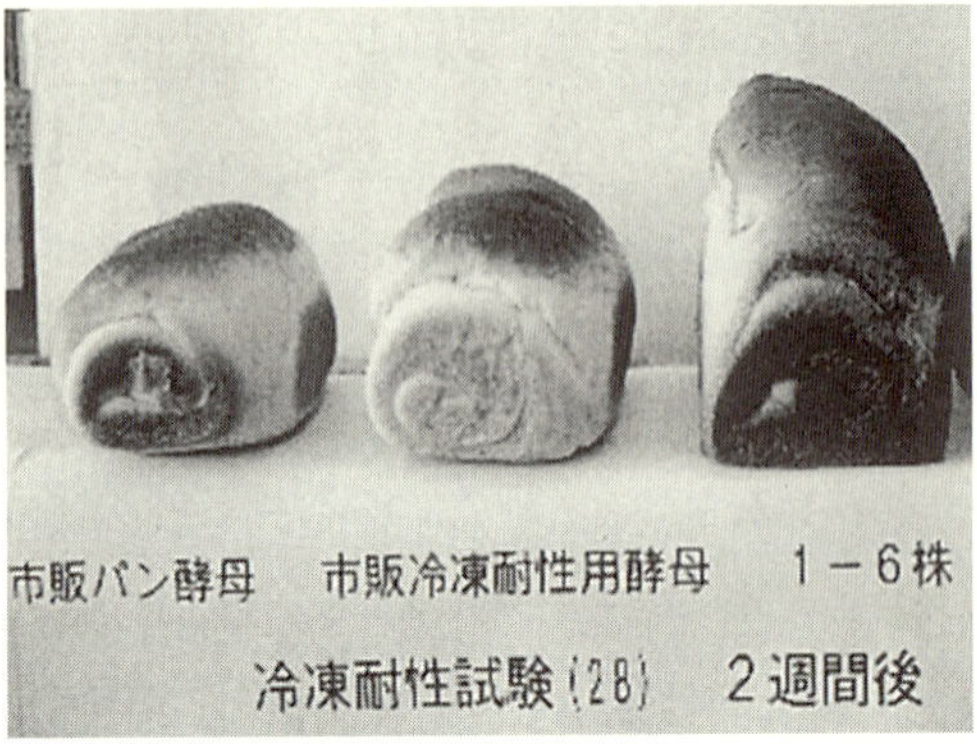

パン生地を2週間冷凍保存した後、解凍して焼成した。左から、市販パン酵母（非冷凍耐性）、市販冷凍耐性酵母、美の和酵母（1－6株）を使用したパン。

つ結合した糖であるが、パンが焼成後に堅くもろくなっていく「老化」を防ぐ機能があり、酵母では冷凍耐性にかかわることが前述の白神こだま酵母や、実験的にトレハロースを蓄積するように改良された酵母で確認されている。また、1－6株を使用して作製したパンの香り成分を調べたところ、バター様の香り成分であるアセトインが多く含まれることが判明した。こうした特性と1－6株の遺伝子などについても解析していった結果から、パン酵母として十分実用化できると判断された。そこで、改めて親株の一つNo3株の採取地にちなんで「美の和酵母（みのわこうぼ）」という名称で呼ぶこととし、商標および特許を出願した。現在、美の和酵母を大量に培養し、「イースト」として製品化する準備を行っている。

おわりに――今後の展開

美の和酵母は実用化目前であり、今後多くの製パン企業に利用していただき、一般消費者のもとへ送り届けたいと考えている。県産小麦の利用と合わせ、地域発の新規食品として、県内食品産業の振興に貢献し、また地産地消や食育の推進にお役に立つならば非常にありがたいことである。群馬の豊かな自然が育んだ食材として、また粉食の伝統を受け継ぐものとして、「美の和酵母」のパンが認知されていくことを期待している。もし美の和酵母を使用したパンを口にされることがあれば、長いパンの歴史と古城のかたすみでひっそりと生きていた酵母に思いをはせていただければ幸いである。

【謝辞】

美の和酵母の開発では、星野物産株式会社の阿左美久男氏に製パン技術の指導とパンの試作、評価において多大なご協力を頂きました。また、美の和酵母のトレハロース生産能力の解析については、食品総合研究所の島純先生から貴重なアドバイスと情報を頂きました。酵母の遺伝子解析については、東洋大学生命科学部の福森文康助教授、群馬県衛生環境研究所の木村博一博士、黒澤肇研究員の三氏にご協力をいただき、群馬県研究開発推進費により実施いたしました。関係者の皆様にこの場をお借りして篤く御礼申し上げます。

なお、本章は、「群馬県オリジナルパン酵母の実用化に向けて」と題して行った講演の原稿を本書掲載にあたり改題し、加筆したものです。

参考文献

長尾精一著『粉屋さんが書いた小麦粉の本』三水社、一九九四年。

青柳正規著『ローマ帝国』岩波書店、二〇〇四年。

「日本の食生活全集群馬」編集委員会編『日本の食生活全集⑩聞き書　群馬の食事』社団法人農山漁村文化協会、一九九〇年。

スティーヴン・L・カプラン著（吉田春美訳）『パンの歴史――世界最高のフランスパンを求めて』河出書房新社、二〇〇四年。

大山真人著『銀座木村屋あんパン物語』平凡社新書、二〇〇一年。

一島英治著『発酵食品への招待――食文明から新展開まで』（ポピュラー・サイエンス249）裳華房、一九九八年。

丸山工作著『生化学の夜明け――発酵の謎を追って』中公新書、一九九三年。

『週刊朝日百科　植物の世界72、118』朝日新聞社、一九九五年、一九九六年。

「特集――製パンの科学Ⅰ」『食品工業』二〇〇五年一月三〇日号、二〇〜七〇頁、光琳。

「特集――製パンの科学Ⅱ」『食品工業』二〇〇五年二月二八日号、二〇〜六七頁、光琳。

島純・高野博幸「冷凍耐性パン酵母の科学と応用」財団法人バイオインダストリー協会『バイオサイエンスとインダストリー』Vol. 60, No. 12、二〇〇二年、二七〜三〇頁。

高橋慶太郎・高橋砂織「白神山地より分離した酵母（白神こだま酵母）の特性解明とその製パンへの応用」『食

品の試験と研究』三七号、四二～四五頁、全国食品関係試験研究場所長会、二〇〇二年。

『イースト読本』日本イースト工業会、二〇〇一年。

8 「食育文化都市・小浜」の挑戦

武井　昭

はじめに

それぞれの地域で「新地場産業創生」にどのように取り組んでいるのか、ということを現実にこの目で確かめ、それを体系的にどこまで整理することがどこまでできるかということが今回の高崎経済大学経済学部の「現代ＧＰ」に取り組むときの研究の最大の目的としている。その一例として原子力発電所の安全システムの研究や大学と企業の間の共同研究の中にその成果を見ることができるかもしれないということで、福井県美浜町の㈱原子力安全システム研究所と福井県小浜市の福井県立大学海洋学部を主たる訪問先として尋ねることになった。

最初の訪問先である福井県立大学海洋学部を尋ねるために、敦賀から小浜線に乗り、小浜市に向かった。通勤通学時間を除けば二時間に一本の割合でしか運行していない列車に乗って約一時間揺られて、小浜駅を降りたとき、ただならぬ雰囲気を感じた。数カ月前に「食育基本法」が制定されたことは承知していたが、小浜市が「食育文化都市」の第一号であることは小浜駅を降りるまで全く寡聞にして知らなかったためか、駅を降りてその正面に大きな看板を見たとき、今回の調査の主たる目的ではないが、「新地場産業創生」の一つの事例になるかもしれないと感じ、時間が許される限り「食育文化都市・小浜」の全貌を可能な限り見聞する必要を感じた。

「食育文化都市・小浜」と並んで「御食国《みけつくに》」・小浜という言葉がそこら中で目にするが、なかなかイメージできない。それが「食育文化都市」とイメージ的に重ねるにはわずか一日ではできないかもしれないと、ふと思ったりもした。

今回の視察の主たる目的については、正式の報告書で行うとして、ここでは「食育文化都市・小浜の挑戦」というテーマで「新地場産業創生」の手がかりとなることを期して視察の結果のまとめとしたい。

1　小浜市の「食育文化都市宣言」の必然性

「食育文化都市・小浜」の経緯を知るためにまず小浜市役所の市民まちづくり部食のまちづくり課にいったが、アポイントを取らずに訪問したのであいにく責任を持って説明ができる担当者が不在ため、地場産業と食育文化都市に関する資料だけいただいて、小浜商工会議所に向かった。中野敦夫事務局長が出てこられ、われわれの質問に答えてくれた。「食育文化都市」

が宣言される経緯については、大手電機メーカーの撤退直後の平成一二年に市長となった村上利夫氏は福井県庁時代に農林水産部長を務めるなど、農林水産省との太いパイプがあったことのうえに、東京水産大学出身で水産会社を経営し当時小浜商工会議所副会頭（現会頭）であった上野清治氏の全面的な支援協力を得て、さらに農林水産省の役人から「食育基本法」等の情報や人的支援を得て、全国に先駆けて小浜市が「食育文化都市」のモデル都市となるべき力強い助走路を走ることになったことがわかった。

図1　JR小浜駅前

「食育基本法」の成立は平成一七年六月であったが、小浜市は「食のまちづくり」条例を平成一三年九月に制定している。四年以上も前に四年後が見えていたかのようであることも十分に理解できた。さらに、この条例を受けて、「食文化館」が平成一五年九月に開館している。そして、平成一六年一二月に「食育文化都市宣言」を行っている。これで、市役所お

よびその界隈を歩いて、「食育文化都市・小浜」のタウン・アイデンティティがこの目に焼きついた理由が多少納得できた。

小浜商工会議所でその経緯の背後には、小浜市が滋賀、奈良、京都、大阪などより、中国や朝鮮の情報をいち早く入手でき、「鯖街道」の歴史に見られるように京都にとっては海の幸の供給国であったという歴史的背景があることは言うまでもない。一方で産業の空洞化の進展と他方で高速道路の整備や鉄道の直流化などによって小浜市が「食育文化都市」として再び注目されるときがきているのかもしれない。われわれはこうした絶妙のタイミングのときに小浜の駅を降り立ったのかもしれない。

(1) ヒアリング調査

①概要

期日　平成一七年一一月七日(月)

視察先　小浜市役所　一五：三〇～一六：〇〇

小浜商工会議所　一六：〇〇～一七：〇〇

食文化館　一七：〇〇～一八：〇〇

視察者　岸田孝弥（高崎経済大学本学経済学部教授）
武井昭　（同右）
阿部圭司（同右、助教授）

②視察記

1　小浜商工会議所

工業経済の発展が経済の発展を規定するようになった結果が環境問題に行き着くことは誰の目にも明らかになった。その環境問題に現実的に対応するときに、最終的には人間としてノーマルな生活を送ることが基準になる。そのノーマルな生活の基準の中心に「食」と「息」があり、それぞれの地域にあった具体的な基準を作る必要がある。

小浜市は、運送が船荷を中心の時代には京都に近い日本海側の港としての交通の要衝として繁栄したが、鉄道が中心の時代になると、京都・大阪には距離的には近くとも時間的には遠く、不便な地域の代表になった。リゾート地としての発展が望めないとなると、結局原子力発電所のある町として存続をはかることを選んだ。

しかし、自動車の時代になると、鉄道時代よりも滋賀・京都の間の山間部のもつマイナスは相対的に低下し、大阪・京都の文化圏への復帰が可能になってきた。そのときの決め手が古来、朝廷に「御贄《みにえ》」を納めた国である「御食国」としての歴史に現れているように、海の幸に恵まれ「食文化」を育んできたことに求めた。

そのきっかけは、産業の空洞化が進み、海水浴客も減り、公共事業も頭打ちの中の平成一二年に村上利夫市長が誕生した。八方ふさがりの中で、全く斬新な市政の方向を打ち出す必要に迫られたとき、どこにもない食によるまちづくりを選択した。そのとき、当時は小浜商会議所副会頭であった上野清治氏の考えと一致し、氏と二人三脚で「食のまちづくり条例」「食文化館」などを推進した。

さらに、農林水産省の「食育基本法」構想などにより、食による農林漁村の活性化を国民的運動を展開する動きとも軌を一にするものであった。こうした流れの中で「食育文化都市・小浜」は全国に先駆けて積極的に展開することになった。

若狭の歴史を考えれば当然の帰結ではあるが、若狭湾を背景にした「食育文化都市・小浜」の経済効果は、観光客（交流人口）がどれほど増えるかにかけることになった。市をあげて観光産業の発展に取り組み、京都・大阪・神戸などから宿泊人口にとらわれず、交流人口の増大策をはかった。

市はまず「食のまちづくり条例」を制定した。この条例を受けて、「食のまちづくり課」を置き、「身土不二」と「地産地消」をキーワードにして「食」と「食のまちづくり」の具体的な施策を推進する窓口とした。具体的な施策としては、①産業の振興、②環境の保全、③福祉および健康の増進、④教育および伝承、⑤観光および交流、⑥安全で安心な食のまちづくり、の六つである。

これに対して、「食育基本法」は、「食育」を知育、徳育および体育の基礎となるものとして位置づけ、自然の恩恵や食に携わる人たちへの感謝と理解を持ち、食についての正しい情報と判断力を身につけ、引いては都市と農山漁村との共生対流をはかり地域の活性化、食糧自給率の向上に寄与するを目的としている。

小浜市も「食育文化都市」を標榜している以上、「食育」の向上に寄与することは言うまでもないが、「まちづくり」を通してそれを行うことを目的とする。「地域の活性化」の場合には農山漁村の活性化にかなりのウエイトがあるが、「まちづくり」の場合には逆に「街」の方にある。

「身土不二」と「地産地消」という言葉がキーワードとなっているが、「身土不二」の意味を具体的に捉えることは容易ではない。この条例では、産業振興が「農林水産業」に限られ「食の調和と健康な生活」の実現が企図されているといえよう。

農林水産業以外の産業としては、観光産業や地場産業がこの条例でいう「まちづくり」に関係する。地場産業に関しては、若狭塗（箸）、若狭和紙、若狭めのう細工、若狭漆ダルマ、若狭粘土瓦の「伝統産業」が「食文化館」で職人による実演が行われている。伝統産業以外では「食品工業」がこの地域の工業生産の中核を形成している。繊維産業は中国に押され、衰退の一途をたどっている。夏の海水浴客の減少により観光産業の中心は若狭三三カ所観音霊場のうち一三カ寺が小浜にあることに代表されるように歴史的文化財に移りつつある。

2 「食文化館」

商工会議所のヒアリングを終えて、「食文化館」を視察する時間がどれくらいとれるのかが気になって仕方がなかったが、閉館が六時ということであったので、五時をすぎていたが、一時間ぐらいあったので、タクシーを拾って、出かけることにした。

着くと、観光バスで見学に来るらしく広い駐車場がまず目についた。小浜湾に面した三階建てのモダンなビルは、小浜市のまちのアイデンティティを象徴しているものでなければならないが、「食文化」の象徴のイメージという印象はそれほど感じなかった。

「食文化」のイメージ以上にこの会館の特色は、市民になじんでもらうために、三階に「濱の湯」という銭湯を設けていることにあるのかもしれない。もし「食文化」に関心のある市民の方がおれば、一階では、「食文化体験ゾーン」ということで、ミュージアムとキッチンスタジオが設けられていることを意識してもらうために、銭湯は三階に設けられたのであろう。

平成一五年の九月に「食文化館」が産声を上げた。この館の正式名称は「御食国若狭おばま食文化館」といい、日本の食文化研究者の第一人者である石毛直道氏（国立民族学博物館名誉教授）が名誉館長であることからも窺われるように、食文化の発展にこの館が歴史の一頁を刻むかもしれないだけの内容があるのか、ということが気になった。

一階は、「食文化体験ゾーン」交流広場、ミュージアム、キッチンスタジオからなっているが、今日特別「食文化」ないし「食育文化」が取り上げられる社会経済的状況にあることが一般市民に感じられるような雰囲気はなかった。しかし、長く続けていれば幼い子供がここで体験したことがそれに近いインパクトを与えないとも限らない。ミュージアムでは小浜市の食文化に関連する歴史および食育文化都市宣言に関する資料などが資料がプレゼンテーションされている。ここでの資料は「食文化」に対して再評価できる人には貴重であるといえよう。

キッチンスタジオは、食育文化都市構想の中核を占めるものである。幼い子供にとってここで母親兄弟姉妹と体験することは特別な意味を持つ。

図２　食文化館全貌図

二階は、「食工芸ゾーン」で食の歴史と文化の中で深く根づいてきたものの代表として「箸」がクローズアップされている。それ以外に、若狭和紙、若狭めのう、若狭瓦、若狭塗などが職人たちの実演によってつぶさに見ることができる。

三階は、「濱の湯」といい、海草風呂、薬草風呂、サウナ、マッサージルーム等からなる温浴施設となっている。

「食文化館」では開館以来最低でも月に二度、平均すれば月に三度くらい行われてきた。まだ二年半しか経っていないので、年間五〇回に及ぶ幼児の料理教室キッズチキン以外には慣例として定着するようなイベントにまで発展しているものはないが、今後は世界に向けて若狭から現代の食文化の形成に貢献するものも現れてくるかもしれない。

こうした努力の積み重ねの結果として、わずか二年足らずで平成一七年の七月に入場者数は五〇万人を超えた。一日当たり約九〇〇人の人が訪れる計算になる。「濱の湯」だけの目的で来る人や集団で来る子供の料理体験のキッズキチンの人口が大きな比重を占めているとしても、市民の食育と体育の増進につながるだけに、この数字の意味は工業製品の消費によって得られるものよりはるかに大きい。

こうした事実をもってしてもバブル期の栄耀栄華を知る小浜市民にはもの足らなく映るのは避けられないようで、市全体が活気づいているところまでは至っていないはいえない。

(2) 資　料

①福井県

小浜市が火をつける形となり、福井県全体に「食育」に対する関心が高まり、福井県は「身土不二」という言葉を用い「食育」思想を初めて説いた福井県出身の陸軍薬剤監石塚左玄（一八五〇〜一九〇九年）を「食育をさきがけたひと」と位置づけ、福井県を「食育のさきがけ県」と規定し、全国二位「長寿県」と重ねて、食育推進に積極的に取り組んできた。

折しも小浜市を訪問する頃に前後して福井県と福井型食生活推進県民会議の共催で「ふくい食のめぐみ蔡」が一一月二六日㈯・二七日㈰に行われるパンフレットが手に入った。それによ

図3　「ふくい食のめぐみ祭」パンフレット

ると、二大イベントが以下のように行われる。

一一月二六日(土)「食育を考えるフォーラム」

一一月二七日(日)　第一回「高校生食育王選手権大会」・「食育シンポジウム」

そのほかに、食育紹介「パネル展」、食生活の健康教室、食べるまで学ぶ体験「田んぼの学校」が行われる。

「食育基本法」により都道府県・政令指定都市は食育推進の任務を負い、その計画を立てることが義務づけられてはいるが、福井県を含め北陸地域はこの基本法の精神に近い社会経済環境にあるのか、小浜市や鯖江市に代表されるように、市のレベルで本格的に食育向上に取り組んでいるのは珍しいとしかいいようがない。

②「町並みと食の館」

平成一四年九月に明治初期に建てられた料亭「酔月」の家屋が小浜市に寄付されたことから、町並み保存対策事業の一環として、伝統的建造物群の特性を活かした地域活性化と環境に調和したまちづくりを進めるため、「町並みと食の館」として修理再生され、市民に公開されることになった。

「食文化館」が開設するより一年前に「食の館」が建てられ、「食育文化都市宣言」に向けての伏線となったことは明らかである。この施設では、「御食国若狭小浜」の歴史をＤＶＤで楽しみながら、癒しの食事を楽しむことができる。

一階は、展示コーナー、食膳の間、厨房
二階は、食膳の間、展示室、和室、給湯室
展示室は貸し室として個人の作品等に利用ができる。和室は低価格で各種会合に利用できるようになっている。

2 「食品工業」の発展と「食育文化都市・小浜」の挑戦

平成一三年九月に「食のまちづくり条例」を制定し、一五年九月に「食文化館」が開設され、一六年一二月に「食育文化都市宣言」が出され、そして一七年六月に「食育基本法」が制定された。この一連の流れは小浜市の「食育文化」と「まちづくり」の統合に対する取り組みの計画性が窺える。しかし、計画はともかくとして現実に成果を上げなければ、何の意味もない。

人口わずか三万三千人の日本海に面する小都市にとって大手電機メーカーが撤退するという事実に直面して市として生き残っていくには、「産業の空洞化」が避けられないとすると、この空洞化を「食文化」の振興によって「食品工業」ないし「食品産業」で埋めることできるのか。

「食育文化都市」の構想は農林漁村の活性化が中心に置かれ、工業はそれらの活性化に応じたものに限られる。「食文化」は今日のような工業化時代でもその時代に応じた食文化が形成される。知育、徳育、体育の前にこの「食育」があると考え、ノーマルな食文化に戻すことが先決であるということになる。「食育基本法」の制定には、これまでの「食品の工業化」を無制限に発展することについて食文化の視点から従来のライフスタイルを根本から改め、産業構造を根底から変えるという考えが含まれている。

要するに、「食品」の供給を工業化の視点から見るならば、「加工食品」のみの供給に偏向し、そうした産業は「食品工業」として理解される。これでは、「食品」を需要する生活者の文化水準の向上の視点は完全にオミットされる。工業の発展過程の中で食文化ではなくて、その製品である「食品」の価値を主体的に享受する人の側から「食」を見直すことが「食育」なのである。

法を制定してまでも食育の涵養を叫ばざるを得ないということは、今日では多くの国民が「食品」を提供する人の論理である最も経済的に合理的な行動をする「消費者」の地位に満足し、生活者として食のノーマルな論理に立ち戻れない状況にあるということである。

こうした状況をどうしたら脱却できるのか。「食育」以外にないのか。だとすれば、「食育文化都市・小浜」へのこれまでの挑戦は、供給者サイドに立たない「食品工業」の発展をどこまで可能であるかということのモデルケースになれるのか。三階の「濱の湯」は、食文化の発展とは直接は関係ないが、「食文化」の最終目的が「健康」にあるとしたら、「食育」の涵養に密接に結びついていることになる。

食の条例が発布されてから四年になるが、さまざまな食を中心にしたまちづくり政策が効果を発揮し、福井県全体の観光交流人口が減少する中で、小浜市は平成一一年の八〇万人弱であったのが、平成一七年は一四四万人にもなっている。現時点では、「食育文化都市・小浜」の挑戦は成功しているといってよい。

おわりに

若狭小浜駅を降りたとき、今回の視察の目的の中心概念である「新地場産業」創生に「食育文化都市・小浜」の挑戦はどこまで貢献できるのか、ということに関心を持った。農林水産省がプランニングした「食育基本法」のバックアップはあるとしても、食育文化の推進でこれまでの流れを変えて「新地場産業」が発展する盤石な基盤が形成されるにはかなりの時間がかかるであろう。

わずか数時間の視察で感じたことだけでこの問題にこれ以上のコメントを与えることは差し控えるが、これまでの「工業化社会」では工業製品を生産―流通―販売―消費―廃棄の全過程の合理化が供給者の側から促進され、知育、徳育、体育と並び称せられる「食育」のような需要者の生活の側から経済を構築してこなかった。それだけに「食育」のレベルアップの水準次第で従来の「食品工業」とは異なった食品産業が創生される可能性がないとはいえない。

こうしたことに思いを馳せながら、翌日小浜市を発ち、同じ県の美浜町と敦賀市の町役場や商工会議所に向かった。これら市町においても食文化には関心があるものの小浜市ほどに市町あげて取り組むまでには至っていない。外部の人の眼でみると、小浜市が「食のまちづくり」に市をあげてさまざまなイベントを展開し町として活性化していることを強く感じたが、小浜市民の反応は冷めているとのことであった。

あとがき

「学問の府」である大学がビジネス社会に埋め込まれた地域に貢献するとは、どういうことをいうのか。この難問に答えることは至難の業であるとされてきた。学問とビジネスの関係の接点を見いだすことは原理的には不可能である。もしそれが可能であるとしたらビジネスの側からのみであるのか。いや逆の学問の側からのみであるのか。その答えは両方とも間違いで、その両方のセンスを持った人のみが可能であるといえるのではないか。本書で取り上げた例はそうした両方のセンス持った人のほんの一例にすぎないが、現実に存在し存続するものはすべて両方のセンスを持っているはずである。それを自覚するとき初めて両方のセンスが具体的に形あるものとして表現され、歴史的存在となる。

企業人といっても経営者と従業者とでは要求される能力は異なる。経営者には企業活動を通して全従業員の生活を保障することができる社会的ニーズを嗅ぎ分けるセンスが求められる。学者の場合は、基本的に個人研究者である点で組織を持つ企業人とは異なるが、その研究は現時点での社会的評価と無関係に行われて初めて、将来社会的に価値のあるものになる可能性を持つ。企業においても技術革新に限っては同様の性格を持ってはいるが、学問の場合はその人個人だけが現時点で社会的価値のあるものと誰も評価していないものに挑戦する役割を担っている。

現時点での存在理由を持っていないだけに、その存在は社会的に保障される必要がある。大学はこうした存在の一つであった。国立大学が独立行政法人になったが、大学は社会的に保障される存在であることにはこれからも変わりがないとしてもその社会は国家ではなくなったが、歴史的に受容されるものを模索して初めて存続が許される。高崎経済大学は国立大学ではないが、地方の公立大学の存在理由である「地域貢献」を可能な範囲で創立以来模索してきた。「新地場産業に挑む」一つの試みとして本書が少しでも地域貢献する部分があれば望外の喜びとするものである。普段企業経営に専念している方々に馴れない執筆をしかも短い期間にお願いしたにもかかわらず、快諾していただき、ご協力いただいたことをこころより感謝申し上げる次第である。

最後にこうした状況であるにもかかわらず、本書の出版を認めてくださった日本経済評論社の栗原哲也社長と年度内出版のため多大な負担をおかけした谷口京延氏に衷心より感謝を申し述べたい。

武井　昭

【執筆者一覧】（執筆順）

岸田孝弥　　高崎経済大学経済学部教授

武井　昭　　高崎経済大学経済学部教授

須郷高信　　株式会社環境浄化研究所代表取締役社長

武井　宏　　株式会社ボルテックスセイグン代表取締役社長

本田博己　　群馬ヤクルト販売株式会社代表取締役会長

土屋和子　　パリッシュグループ代表

原田節子　　株式会社原田専務取締役

福本亮平　　群馬県立群馬産業技術センター任期付研究員

【監修】

高崎経済大学経済学部

新地場産業に挑む――生活と経済の新結合――

大学の教育・研究と地域貢献シリーズ①

2006年5月25日　第1刷発行　定価（本体1000円＋税）

監　修　高崎経済大学経済学部

編　者　岸田孝弥

武井昭

発行者　栗原哲也

発行所　株式会社 日本経済評論社

〒101-0051　東京都千代田区神田神保町3-2

電話　03-3230-1661　FAX　03-3265-2993

E-mail: nikkeihy@js7.so-net.ne.jp

URL: http://www.nikkeihyo.co.jp/

文昇堂印刷・根本製本

装丁＊奥定泰之

ISBN4-8188-1871-2